Edwige GASLARD
Coach professionnelle certifiée
Accompagnatrice des personnes et équipes en
développement de potentiels certifiée

Nous sommes parfaits avec nos imperfections

Ce livre compile une série de réflexions traitant divers sujets de l'existence. Il est élaboré pour être accessible à la lecture, de sorte que l'ensemble de la communauté sourde puisse s'en emparer.

Ces pensées concernant l'affirmation personnelle, la crainte des maladies, de l'avenir, du pardon et une multitude d'autres thématiques qui peuvent éventuellement contribuer à votre avancée vers votre propre conception du monde.

Je vous suggère d'aborder chaque thème séparément afin de développer une connaissance approfondie.

J'espère que cette lecture vous sera bénéfique et que vous pourrez explorer votre authenticité.

Je prévois qu'une partie de votre achat contribue à mon parcours académique en vue d'obtenir un diplôme universitaire en tant qu'expert patient pour la santé mentale et la douleur chronique, afin de pouvoir apporter de l'aide à ceux qui en ont besoin. Une autre part sera destinée à une organisation dédiée aux enfants atteints de surdité.

Merci pour eux.

© 2025 Edwige GASLARD
Édition : BoD · Books on Demand,
31 avenue Saint-Rémy, 57600 Forbach, bod@bod.fr
Impression : Libri Plureos GmbH, Friedensallee 273,
22763 Hamburg (Allemagne)
Dépôt légal : Mars 2025

ISBN 978-2-3225-7306-6
Prix : 9,90 €

Étant imparfaite comme chaque être humain, ce livre est à mon image.

Après avoir traversé une période difficile de ma vie, j'ai été submergé par de multiples interrogations. J'ai réussit à trouver mes solutions et eu l'idée de créer ce recueil de réflexions pour la communauté sourde, mon fils aîné l'étant lui-même.

Je déplore qu'il n'y ait pas actuellement en France de dispositifs appropriés pour soutenir psychologiquement les personnes ayant une déficience auditive.

Sourds, mal-entendants et entendants, reconnaissons notre histoire et puisons en elle la force nécessaire pour bâtir notre avenir.

Je suis reconnaissante envers la vie d'avoir mis sur ma route une femme et un homme (mon mari) inspirants, contribuant à mon éveil de conscience et facilitant mon développement sur le chemin essentiel pour mon épanouissement.

A l'amour de ma vie, **<u>Elvis</u>**, *toi qui m'a toujours soutenu, comment te remercier véritablement ?*

A **<u>Quentin, Perrine et Bastien</u>** *qui m'entourent de tout leur amour*

<u>mes parents, mes beaux-parents, et mes ami(e)s</u>.

Tous, je vous aime inconditionnellement.

SOMMAIRE

Page 7	*Votre juste place est celle où vous vous sentez authentique et épanoui*
Page 16	*Libérez votre puissance intérieure : Osez la confiance en vous !*
Page 23	*La culpabilité n'est pas un fardeau, mais une leçon à apprendre*
Page 30	*La peur représente une étape, l'avenir est une décision*
Page 37	*L'appréhension de la maladie*
Page 44	*La crainte de la mort*
Page 57	*L'insatisfaction, la quête (recherche) de perfection*
Page 64	*L'acceptation d'une situation difficile*
Page 70	*L'anxiété*
Page 75	*Libérez-vous de l'égo, vivez l'essentiel*
Page 84	*Lâcher-prise, c'est accueillir pleinement ce qui est*
Page 94	*Le pardon*
Page 104	*Libre du regard des autres*

Page 111	*Souvenez-vous du « pourquoi » et la motivation sera présente.*
Page 119	*Éprouver un décalage : une voix singulière dans un chœur commun*
Page 126	*Savoir dire non*
Page 134	*Rêve, crois, réalise !*
Page 142	*Les relations saines nourrissent l'âme, les toxiques l'épuisent*
Page 149	*Chaque croyance limitante est une barrière à briser*
Page 156	*Cherchez la croissance, pas la perfection*
Page 163	*Le lâcher-prise ouvre la voix lorsque l'impuissance se présente*
Page 169	*La gestion de la colère*
Page 176	*La gestion des émotions*
Page 189	*Libérez votre potentiel, devenez qui vous êtes vraiment !*
Page 199	*Le courage*

VOTRE JUSTE PLACE EST CELLE OU VOUS VOUS SENTEZ AUTHENTIQUE ET EPANOUI

La souffrance et la douleur sont des réalités inévitables de notre quotidien. Pourtant, une grande partie de cette souffrance provient de notre tendance à anticiper l'avenir, amplifiant ainsi nos peurs irrationnelles.

Notre esprit, en imaginant les événements à venir, a souvent tendance à les transformer en tragédies.
Il faut prendre conscience de cette tendance à imaginer le pire, qui nous offre une opportunité de changement.

Or, la réalité est souvent moins sévère que ce que nous redoutons.

Nous ne naissons pas tous avec les mêmes ressources. Selon notre culture et notre éducation, certains d'entre nous sont plus enclins à l'angoisse.

Le bonheur est un effort constant, une philosophie de vie que nous pouvons choisir d'adopter.

Nous assumons la responsabilité de nos pensées et de nos ressentis lorsque nous prenons conscience que nos inquiétudes naissent de notre appréhension du futur et du fait que nous concentrons notre attention sur la souffrance.

Cesser de se concentrer sur ces peurs ne signifie pas fuir la réalité, mais plutôt écouter ce qui nous effraie.

Dès notre plus jeune âge, nous avons souvent appris à refouler les émotions douloureuses. Des expressions telles que « *il ne faut pas pleurer* » ou « *ça ne sert à rien d'être triste »* ont façonné notre manière d'interagir avec nos ressentis. Pourtant, ces émotions sont au cœur de l'expérience humaine.

Nous avons tous le potentiel de transformer notre réalité, et cette transformation débute en nous-mêmes.

En général, nous éprouvons près de 2 000 émotions quotidiennes, y compris les plus infimes. Quand une émotion difficile émerge, il est essentiel de l'accepter, de la vivre et de réaliser qu'elle est là pour nous avertir d'une problématique interne.

Si nous ne percevons plus la joie qui constitue notre état émotionnel initial, c'est que nous nous détachons de ce qui nous procure du bien-être. Pour la retrouver, il suffit d'entendre le message que chaque émotion nous envoie et de mettre en œuvre l'action appropriée. Ressentir pleinement une émotion, la vivre, puis revenir à la joie est essentiel pour avancer sereinement.

Grâce à nos ressentis corporels, nous pouvons identifier les émotions que nous traversons. Une fois que nous avons agi en conséquence, nous pouvons poursuivre notre chemin en toute tranquillité.

Ne nier pas une émotion, ce n'est qu'une sensation

Chaque émotion qui nous traverse porte un message. Elle mérite notre attention, notre écoute et notre compréhension.

Plutôt que de la fuir, nous devons l'accueillir, explorer son origine et agir en conséquence.

En prenant le temps de nous connecter à elles, nous pouvons apprendre à les utiliser comme des guides pour notre bien-être et notre épanouissement.

Écoutez le message que l'émotion vous envoi.

La peur : elle peut signaler un danger potentiel. Cela ne signifie pas qu'un véritable danger existe, mais que nous le percevons comme tel. Cette perception est souvent à l'origine de notre peur. Il est donc crucial de reconnaître que nos émotions, même lorsqu'elles semblent menaçantes, peuvent simplement être des alertes nous invitant à examiner notre situation de plus près.

La tristesse : elle évoque des thèmes de perte, de deuil et de renouveau. Elle nous invite à traverser le processus d'acceptation d'une situation, qu'il s'agisse d'une grande perte ou d'une micro-perte. Chaque émotion de ce type nous rappelle l'importance de reconnaître notre douleur pour permettre la transformation et le renouveau qui suivent.

La colère : C'est le sentiment de ne pas être respecté et une perception d'injustice. Ce ressenti peut surgir lorsque nos limites ne sont pas honorées ou lorsque nos besoins fondamentaux ne sont pas pris en compte.

Une fois que nous saisissons le sens de notre émotion, nous pouvons prendre un instant pour la considérer et par la suite réagir de façon adéquate.

Une fois que l'on comprend que les émotions sont là pour nous orienter et non pour nous mener à la souffrance, il devient plus aisé de profiter pleinement de chaque expérience.

Ainsi, la souffrance s'atténue et nous ne sommes plus assaillis par la culpabilité associée à ces émotions.

Agir en accord avec notre émotion.

Il est essentiel d'agir en cohérence avec nos émotions, en

répondant à leur message de manière constructive. Cela signifie identifier l'action appropriée qui peut nous aider à traverser ce que nous ressentons et à favoriser notre bien-être.

Lorsque nous agissons en accord avec elles, nous retrouvons immédiatement notre état de base.

Nous pourrions facilement penser que nous vivons une vie épanouissante, entourés de merveilleux amis et collègues, avec un travail qui nous satisfait. Toutefois, si nous sommes sans cesse submergés par nos réflexions et notre mental, nous ne faisons qu'effleurer le plaisir sans vraiment atteindre la joie.

La joie, tout comme des états plus intenses tels que la paix et la sérénité, se manifestent lorsque nous sommes en harmonie avec notre être. Il est essentiel de souligner que la joie ne se limite pas à être une émotion associée au plaisir.

Éprouver du plaisir implique une recherche de bien-être, cependant, nos véritables émotions trouvent leur place dans notre cœur.

Lorsque la peur augmente, elle peut se traduire par des manifestations physiques, engendrant de l'agitation et des réflexions désagréables, nous plongeant dans des situations négatives. Tout individu est libre de manifester ses ressentis face à la peur, et cette expression peut fluctuer selon l'intensité de l'émotion.

Pour la colère, elle produit une énergie qui monte du ventre, alors que la tristesse est souvent exprimée par des larmes, exposant notre vulnérabilité.

Si nous sommes sans cesse absorbés par la prévision de l'avenir et l'organisation, nous négligeons le présent et, de ce fait, notre état naturel. Il peut donc être utile de prendre des congés ou d'altérer nos routines.

Il n'est pas toujours facile de changer de vie pour tout le monde, et il est crucial d'effectuer des changements graduels afin d'éviter la souffrance. Cependant, des modifications rapides pourraient être indispensables pour prévenir le burn-out.

La prise de conscience de notre état nous donne la possibilité de faire des pauses. Il n'est pas nécessaire de tout bouleverser ou de partir à l'autre extrémité du globe pour être heureux.

S'exercer à la méditation en restant ancré dans le présent, que ce soit dans notre jardin ou notre salon, est une méthode idéale pour porter attention à nos émotions.

L'illusion d'une existence palpitante ne sauraient substituer la réconciliation avec notre cœur et notre corps, malgré des instants hors du commun.

En fait, nous ne faisons qu'effleurer le plaisir. Lorsque nous nous exprimons avec le cœur, la peur, la colère et la tristesse n'ont plus d'importance.

Se reconnecter avec nos émotions nous aide à être en accord avec nous-mêmes et ce qui est significatif pour nous. Il n'y a plus de chasse sans relâche pour quoi que ce soit. C'est notre cœur qui nous oriente vers notre position appropriée, à condition de prêter l'oreille.

Le matin, quand nous sommes en harmonie avec nos tâches quotidiennes, même en présence de restrictions, et que nous prenons du plaisir à ne pas voir le temps filer, tout se passe pour le mieux.

Cela génère une impulsion électrique dans notre cerveau qui se propage vers notre cœur, provoquant des sensations physiques comme un rythme cardiaque intense ou des frissons.

Par exemple, face à la peur, le cœur s'accélère, nous avons des frissons et nous sentons une sueur froide.

Cependant, quand tout résonne à l'intérieur de nous et que nous éprouvons une joie intense, cela indique que nous sommes là où il faut être. Si nous étions disposés à payer pour exercer nos activités plutôt que d'attendre une rémunération, ce serait un autre signe d'harmonie.

Prendre conscience de la chance d'avoir une bonne santé chaque jour est important.

Ne pas éprouver de douleurs est un véritable cadeau, car cela offre des possibilités sans fin. Nous avons tendance à considérer cela comme acquis et ne prenons conscience de notre chance qu'après l'avoir perdue. Ne laissons pas la maladie nous faire apprécier notre santé. Prenons conscience de cette opportunité tous les jours.

Dites Adieu à la victimisation, devenez l'architecte de votre destin.

Effectivement, passer du rôle de victime à celui d'acteur de sa vie nécessite une introspection, une réflexion sur ses croyances et sur la façon dont nous percevons nos propres expériences.
Reconnaître ses émotions porteuses de message peut aider à transformer des expériences douloureuses en forces, à partir du moment où nous apprenons à les écouter.

Nos souffrances passées ne nous caractérisent pas, cependant elles ont le potentiel de se transformer en catalyseurs pour notre développement personnel. Il est donc essentiel de bien réaliser ce que nous avons traversé auparavant.

Pour renforcer sa résilience, il est essentiel de s'investir personnellement en faisant preuve du même courage que celui requis par un athlète pour se lever chaque jour. L'assiduité et la constance dans nos démarches peuvent métamorphoser notre mentalité.

Le fait de remettre en question nos croyances et comprendre qu'elles ne sont pas nécessairement universelles nous aide à nous délivrer des fardeaux que nous nous infligeons.

Nous pouvons nous montrer ouverts aux autres en recherchant l'inspiration et l'apprentissage auprès de notre entourage. Chaque individu, quel que soit son âge ou son parcours, a quelque chose à offrir.

Tout dans la nature est en constante évolution, y compris l'être humain. Il faut donc que nous nous accordions la possibilité de changer, même si cela requiert des efforts.

Quand nous décidons de progresser et de nous transformer, il est essentiel d'entreprendre des actions qui résonnent avec notre être intérieur, en fonction de nos intentions, pour demeurer en harmonie avec nous-mêmes.

Il faut également admettre que, sous notre attitude de victime, réside fréquemment un souhait d'être aimé et écouté. C'est pourquoi il est crucial de se concentrer sur soi-même pour découvrir cet amour intérieur.

La stratégie des petits pas est un bon moyen de rappeler que le changement ne se produit pas instantanément. Chaque avancée, même minime, a son importance.

La définition du succès n'est pas l'absence d'échec. Le succès ne se définit pas par l'absence de défaite, mais par la **capacité à se relever après chaque chute.**

En vous basant sur ces éléments, vous pouvez inciter les autres à renouer avec leur essence et à convertir leurs expériences en force.

Cela peut motiver ceux qui se sentent coincés ou désorientés à reprendre le contrôle de leur existence et à devenir les acteurs de leur propre histoire.

EN BREF...

Souvent, nous nous infligeons nous-mêmes de la souffrance. En prévoyant le pire pour l'avenir, nous générons fréquemment des inquiétudes qui surpassent la réalité. Ces craintes, généralement enracinées dans notre éducation et notre milieu culturel, font obstacle à une pleine expérience du présent.

Pour accéder au bonheur, il est fondamental de développer une sensibilité à nos émotions. En apprenant à les identifier, à les accepter et à les comprendre, nous sommes en mesure de les transformer en instruments pour notre bien-être. Chaque émotion, même la plus souffrante, véhicule un message qui mérite d'être écouté.

Notre état naturel est la joie. Nous pouvons la retrouver en nous ajustant avec nos valeurs fondamentales et en agissant de manière cohérente avec nos émotions. En faisant face à nos peurs avec compassion plutôt que de les ignorer, nous ouvrons la voie vers une existence plus paisible et épanouissante.

Être l'artisan de sa propre vie implique de reconnaître ses

pensées et convictions restrictives. En se détachant du passé et en mettant l'accent sur le présent, nous avons la possibilité de bâtir un futur plus heureux.

Engageons-nous dans un voyage introspectif pour approfondir notre connaissance de nous-mêmes et acceptons une nouvelle vision de la souffrance et du bonheur. En renforçant notre conscience de nous-mêmes, en embrassant nos émotions et en vivant conformément à nos principes, nous avons la possibilité de métamorphoser notre existence et regagner la joie qui réside en nous.

<u>Pour aller plus loin, vous pouvez vous poser les questions suivantes :</u>

- **Quelles émotions ressentez-vous le plus fréquemment ?**

- **Comment ces émotions influencent-elles votre quotidien ?**

- **Quelles actions pouvez-vous mettre en place pour cultiver davantage de joie dans votre vie ?**

LIBEREZ VOTRE PUISSANCE INTERIEURE :
OSEZ LA CONFIANCE EN VOUS !

Lorsque nous nous aventurons dans l'inconnu de la nouveauté, il est naturel que des questions émergent.

- **Vais-je réussir ?**
- **Ai-je ce qu'il faut pour y arriver ?**
- **Combien de temps cela prendra-t-il ?**

Notre confiance en nous-mêmes est soumise à des tests à chaque nouvelle expérience. Cette étape de questionnement est essentielle, car elle nous offre l'opportunité de grandir.

La confiance en soi ne veut pas dire ne jamais avoir de doutes, mais plutôt progresser malgré tout, en étant certain que chaque effort nous fortifie.

Plus nous intervenons, plus notre confiance se renforce, jusqu'à ce que nous comprenions que chaque obstacle franchi nous rapproche de l'individu que nous aspirons à être.

Reconnaître nos doutes, c'est déjà renforcer notre confiance.

Notre assurance en nous n'est pas une condition constante. Elle varie en fonction des circonstances et des situations. Nous avons souvent tendance à nous méprendre en pensant que les autres détiennent toutes les réponses, qu'ils sont constamment confiants, pendant que nous sommes entravés par nos propres incertitudes. Pourtant, c'est une illusion de notre propre esprit.

Face à un défi, prenons le temps de nous dire :

"D'accord, j'ai peur. C'est quelque chose de nouveau, je me lance sans béquille"

En identifiant nos craintes, nous acquérons la capacité de gérer les risques de façon équilibrée, en établissant un environnement qui nous soutient.

Les petites réussites peuvent aussi servir d'importants rappels. Pensez à deux ou trois occasions où, en dépit de votre manque de confiance, vous avez réussi à relever un défi.

Établir des attentes trop élevées dès le début nous détourne de ce qui est crucial : être préparé, avancer à notre rythme et persister.

L'entraînement est un miroir de tout ce que nous avons accumulé au cours de nos expériences, consolidant progressivement notre aisance à relever les défis.

Plutôt que de redouter l'échec, accueillons-le comme une phase normale, faisant partie du processus d'apprentissage.

Tout comme quand vous avez commencé à marcher, vous êtes tombé plusieurs fois. Malgré cela, vous avez avec enthousiasme réussi à vous relever et finalement maîtrisé la marche en solo.

Qu'il s'agisse de faux pas ou d'hésitations, chaque défi construit notre avancement, à l'image des premières leçons de conduite.

Avec patience et répétition, nous finissons toujours par maîtriser ce qui nous semblait difficile.

Pratique et préparation sont les fondations de la confiance en soi.

Comme mentionné à la page précédente, établir des attentes trop élevées dès le début nous détourne de l'essentiel. Il est nécessaire de se sentir préparé, de ne pas se précipiter et de persister.

Explorez, apprenez, évoluez : vivez des expériences nouvelles !

S'impliquer dans un nouveau projet qui a du sens personnellement représente une belle chance, même si cela nécessite de quitter sa zone de confort.

Le manque d'expertise ne devrait pas constituer un obstacle, car chaque nouvelle expérience offre une opportunité d'apprentissage.
L'essentiel est la motivation, un moteur qui, lorsqu'il est bien calibré, nous propulse en avant sans nous étouffer.

Il est crucial de saisir la véritable source de notre motivation, car elle renforce notre assurance sans nous imposer une pression excessive.

Il est primordial de retenir que les erreurs font partie intégrante du processus et que chaque compétence peut s'améliorer graduellement, favorisant ainsi une évolution calme et persistante.

S'aimer vraiment, c'est embrasser nos forces et nos faiblesses.

Il est vrai que notre société a constamment cette tendance à nous opposer les uns aux autres. Il est primordial de se concentrer sur notre parcours individuel et notre avancement.

Le vrai sujet n'est pas quelle est l'expérience des autres, mais **« comment moi je suis avec mes forces et mes faiblesses »** ?

<u>Par exemple</u> : je suis assez à l'aise avec l'expression orale, donc cela va m'aider. Cependant, comme je suis émotive, la peur m'envahit rapidement, donc je pourrais être nerveuse. Nous arrivons tels que nous sommes, avec notre essence la plus profonde, puis nous modifierons nos actions.

Si nous sommes conscients de notre appréhension initiale, nous pratiquerons une relaxation pour nous calmer ou nous aurons recours à l'humour (en utilisant nos ressources internes et éventuellement externes) pour nous décontracter.

Par conséquent, étant donné que nous sommes familiers avec nous-mêmes, nous serons en mesure d'exploiter ces forces pour surmonter nos faiblesses en les abordant avec douceur et attention.

<u>Point à retenir</u> :

- **Chaque parcours est unique** : avançons à notre rythme.
- Comparons-nous à nous-mêmes, pas aux autres.
- **L'authenticité prime** : embrassons nos différences.
- La seule compétition qui compte, c'est celle avec soi-même.

Valorisons nos progrès, pas les performances des autres.

La posture de confiance : tenez-vous droit et avancez.

Voici quelques concepts très motivants qui soulignent l'importance de la posture corporelle et du lien entre le corps, l'esprit et les émotions.

La posture a une importance capitale dans la manière dont nous nous percevons. Se redresser, déployer les épaules et prendre une respiration profonde peuvent immédiatement rehausser notre moral et notre assurance.

Il est crucial de comprendre que notre corps et notre esprit sont interconnectés. Il arrive fréquemment que nous focalisions notre attention sur nos pensées et nos sentiments, négligeant toutefois notre corps qui peut également avoir un impact sur notre équilibre psychologique.

Intégrer des exercices de posture à notre routine quotidienne peut favorablement influencer notre assurance et notre bien-être global. Même des actions mineures peuvent entraîner des modifications importantes.

Il faut garder à l'esprit que, derrière chaque triomphe, nous retrouvons fréquemment des revers et des incertitudes. Ce n'est pas une confiance inébranlable qui assure le succès, mais plutôt la capacité à surmonter les obstacles.

Ce que nous percevons fréquemment n'est qu'un fragment minime des efforts et des combats que les personnes traversent. La plupart des expériences sont cachées et constituent le fondement de ce qui est apparent à la surface.

Il est essentiel de souligner l'importance de préserver la santé de notre corps tout autant que celle de notre esprit.

EN BREF...

La confiance en soi, un cheminement, pas une destination.

Il est tout à fait naturel d'éprouver des doutes en soi-même lorsqu'on aborde de nouvelles expériences. Ces incertitudes agissent comme des repères, signalant que nous sommes sur la voie de la croissance. Effectivement, chaque nouvelle épreuve teste nos convictions sur nos compétences et nous incite à franchir nos frontières.

<u>Pour renforcer notre confiance en nous, il est essentiel de:</u>

- **Reconnaître nos doutes:** Ce n'est pas en les niant que nous les surmonterons. Au contraire, en les acceptant, nous pouvons les apprivoiser et les transformer en moteurs de changement.
- **Célébrer nos petites victoires:** Chaque succès, aussi minime soit-il, contribue à renforcer notre estime de nous-mêmes.
- **Préparer le terrain:** La préparation est essentielle pour aborder les défis avec sérénité. En nous sentant prêts, nous réduisons l'anxiété et augmentons nos chances de réussite.
- **Accepter l'échec comme une étape nécessaire:** L'échec fait partie intégrante de l'apprentissage. C'est en faisant des erreurs que nous progressons et que nous développons notre résilience.
- **Se concentrer sur ses propres progrès:** Il est inutile de se comparer aux autres. Chacun a son propre rythme et ses propres forces.
- **Soigner sa posture:** Une bonne posture peut améliorer notre confiance en nous et notre bien-être général.
- **Cultiver la patience:** La confiance en soi se construit avec le temps. Il faut être patient et persévérant pour atteindre ses objectifs.

La confiance en soi est une capacité que l'on peut améliorer chaque jour. En quittant notre zone de confort, en valorisant nos succès, en tirant des leçons de nos fautes et en prenant soin de nous, nous sommes capables de construire une confiance robuste et durable.

Pour aller plus loin, vous pouvez vous poser les questions suivantes :

- **Quels sont les domaines dans lesquels vous aimeriez gagner en confiance ?**

- **Quelles petites actions pouvez-vous mettre en place au quotidien pour renforcer votre estime de vous-même ?**

- **Comment pouvez-vous transformer vos doutes en opportunités de croissance ?**

LA CULPABILITE N'EST PAS UN FARDEAU, MAIS UNE LECON A APPRENDRE

La culpabilité n'est pas une disposition naturelle, mais plutôt une réponse guidée par notre milieu de vie, notre éducation et nos expériences. Cela démontre à quel point nos émotions sont sculptées par des facteurs externes.

Éprouver de la culpabilité peut témoigner d'une sensibilité et d'une empathie. Cela montre que nous tenons à autrui et que nous avons conscience de nos actes. Toutefois, il est essentiel de ne pas laisser cette émotion nous immobiliser.

La culpabilité peut entraver notre épanouissement personnel. Elle peut nous conduire à rester bloqués dans le passé, entravant notre capacité à tirer des leçons de nos erreurs et à avancer.

Il est essentiel d'apprendre à se détacher et à se pardonner. Cela nous offre l'opportunité de nous décharger du fardeau de la culpabilité et de porter notre attention sur le futur.

Admettre sa culpabilité sans la laisser dominer peut être un pas vers une meilleure stabilité émotionnelle. Elle peut servir d'instrument éducatif plutôt que de poids à porter.

La culpabilité peut également nous inciter à examiner nos principes et nos actions, nous encourageant à opter pour des décisions davantage conformes à notre véritable identité.

Les codes nous guident, mais l'authenticité nous libère.

Ce qui va suivre souligne des éléments clés relatifs aux normes sociales, aux convictions et à l'importance de la connaissance de soi.

Notre perception du monde est modelée par nos croyances et nos repères. Ils nous assistent dans notre parcours de vie, toutefois, s'ils ne sont pas remis en question, ils peuvent aussi se transformer en entraves.

Agir en fonction de nos émotions, malgré les normes inculquées, peut engendrer une sensation de culpabilité. Le poids de ce conflit entre notre authenticité et nos valeurs inculquées peut être considérable.

Évaluer soi-même en fonction de ce qui est considéré comme **« bien » ou « mal »**, selon nos critères, peut conduire à une **perspective restreinte de nous-mêmes.**

Il est crucial de comprendre que nous sommes des êtres complexes, porteurs de besoins et d'envies qui peuvent diverger de ceux qui nous ont été inculqués.

Avoir le courage de se débarrasser des codes devenus inutiles est un acte de bravoure. Ceci implique d'accepter notre véritable nature, ce qui nous autorise à agir avec douceur et compassion envers nous-mêmes.

Il est crucial d'être présent pour autrui, mais cela ne doit pas compromettre notre propre bien-être. Un déséquilibre peut en effet conduire à l'épuisement émotionnel et à la dépression.

Il est bénéfique de prendre le temps d'examiner nos convictions et d'identifier celles qui nous sont véritablement utiles. Cela nécessite de considérer ce que nous souhaitons garder, modifier ou renoncer pour coexister en harmonie avec nous-mêmes.

Il est essentiel de développer d'abord une relation constructive avec soi-même pour établir des liens sains avec autrui.

Cela établit les fondations pour des échanges authentiques et enrichissants. Ce message prône une sensibilisation individuelle et un parcours vers une existence plus authentique.

Trouver l'équilibre, là où le gain rencontre la perte.

L'impact de la culpabilité sur nos relations avec autrui est très captivant.

La culpabilité est fréquemment associée à notre ego, qui nous pousse à croire que nos actions possèdent une importance supérieure à leur véritable valeur. En adoptant une approche plus indulgente et en nous distanciant, nous sommes à même de voir les circonstances sous un nouvel angle.

Nous devons nous rappeler que chaque personne a sa propre capacité à relever ses défis. Il est courant de surestimer notre rôle dans la vie des autres et de penser qu'ils sont entièrement dépendants de nous.

Il est possible de se culpabiliser de manière infondée en pensant que nos choix ou comportements peuvent causer du tort à autrui. En fait, les autres sont fréquemment en mesure de s'ajuster et de découvrir des solutions de leur propre chef.

Se défaire de la culpabilité libère du temps et de l'énergie, nous permettant ainsi de nous focaliser davantage sur notre propre bien-être.

Ceci contribue également à établir des relations plus saines et équilibrées, dans lesquelles chacun est responsable de sa propre existence.

Il peut être bénéfique de s'interroger sur nos motivations pour saisir plus clairement l'origine de ce sentiment de culpabilité. **Est-ce le reflet de nos propres failles ou repose-t-il véritablement sur une situation spécifique ?**

La relation entre culpabilité et responsabilité est pleine de nuances. Tout le monde a un rôle à jouer dans les relations, et en prendre conscience peut alléger le fardeau que nous supportons.

En prenant conscience que les autres savent gérer leurs émotions et circonstances, nous pouvons améliorer notre perception d'eux, ce qui se répercute également sur notre propre évaluation de soi.

Débarrassez-vous de la culpabilité et adoptez la responsabilité qui conduit à la liberté.

Accuser nous donne un prétexte pour être victime.

En optant pour l'action au lieu de rester inactifs, nous regagnons la maîtrise de notre existence. La victimisation peut nous immobiliser, alors que l'action nous propulse vers la progression. Assumer la responsabilité de notre situation est un geste d'indépendance. Cela veut dire prendre conscience de notre rôle dans nos expériences et réaliser que nous avons la capacité de les modifier.

En déclarant notre droit à réclamer ce qui est juste pour nous, nous consolidons notre estime de soi. Cela nous permet de fixer nos limites et de mettre en place des actions qui sont en accord avec nos valeurs.

Agir pour solutionner un problème requiert du courage et de la résolution. Cela peut nécessiter de faire des choix ardus, mais chaque avancée représente un progrès vers une existence plus gratifiante.

En abordant les défis de manière proactive, nous pouvons sculpter notre bonheur selon nos propres termes. Cela nous offre la perspective de considérer les défis comme des opportunités d'évolution.

Le changement peut faire peur, mais il est souvent indispensable pour progresser. En assumant la responsabilité de notre existence, nous pavons le chemin vers des changements bénéfiques.

S'aligner sur ce qui est correct pour soi est primordial pour notre bien-être. Ceci requiert une attention minutieuse à nos besoins et désirs les plus profonds.

Collectivement, ces notions consolident l'idée que la responsabilité est un chemin vers l'autonomie et le développement personnel.

Aimez-vous d'abord, tout le reste viendra.

Cette réflexion aborde un élément crucial de la relation que nous avons avec nous-mêmes.

Nous avons trop souvent tendance à être nos propres juges. Il est essentiel de substituer ces jugements par de la bienveillance envers nous-mêmes, en admettant que nous donnons le meilleur de nous-mêmes dans des conditions souvent ardues.

Il est normal de ressentir de la culpabilité ou d'avoir un sentiment d'inconfort.

Ces émotions sont intrinsèquement humaines et constituent une composante essentielle de notre vécu. Il peut être libérateur de les accepter plutôt que de les réprimer. Au lieu de nous critiquer, nous devrions faire preuve d'amour envers nous-mêmes. Cela signifie qu'il faut valoriser nos initiatives et fêter nos petites réussites, même dans les cas où les résultats ne sont pas conformes à nos attentes.

Il est aisé de succomber au victimisme lorsque les événements ne se déroulent pas comme envisagé.

Comprendre cela nous permet de modifier notre point de vue et de rechercher des solutions au lieu de demeurer inactifs.

Le processus de l'amour-propre nécessite du temps et des efforts. Cela peut comprendre des actions telles que la gratitude, la méditation ou simplement se souvenir de traiter notre corps et notre esprit avec déférence.

Nous avons la possibilité de devenir notre propre soutien en nous apportant l'appui dont nous avons besoin. Cela comprend le fait de dialoguer avec notre « moi » intérieur de manière bienveillante et compréhensive.

Ce message encourage à embrasser l'imperfection et à voir la beauté dans nos erreurs.

EN BREF...

La culpabilité est-elle un fardeau ou un guide ?

La question de la culpabilité est complexe, une émotion habituellement considérée comme défavorable mais qui peut aussi agir comme un propulseur de développement personnel.

- La culpabilité n'est pas innée mais façonnée par notre environnement. Elle peut être à la fois un frein (en nous empêchant d'avancer) et un moteur (en nous incitant à nous améliorer).
- Elle peut naître de nos interactions sociales, de nos relations avec les autres. Elle peut nous pousser à agir de manière altruiste mais aussi nous paralyser.
- Nos croyances et les normes sociales influencent fortement notre ressenti de culpabilité. Il est essentiel de les questionner pour vivre en accord avec soi-même.
- Encourageons nous à être nous-même, même si cela va à l'encontre des attentes sociales. L'authenticité est essentielle pour construire des relations saines et un épanouissement personnel.
- S'aimer soi-même est la clé pour surmonter la culpabilité et développer une meilleure cstime de soi.

La culpabilité est une émotion ambivalente. Comprendre ses origines et son impact permet de mieux la gérer. En cultivant l'authenticité et l'amour-propre, il est possible de se libérer de son emprise et de vivre une vie plus épanouie.

LA PEUR REPRESENTE UNE ETAPE, L'AVENIR EST UNE DECISION

Revenir à l'état présent.

Lorsque l'inquiétude nous envahit, se concentrer sur le moment présent peut parfois être un défi.

Plus nous portons notre attention sur notre respiration pour interrompre le cours des pensées, plus nous devenons sensibles à ce que nous percevons par nos sens. Pour se recentrer sur le présent, on peut fermer les yeux pour percevoir avec plus d'intensité.

- ✔ Qu'est-ce que j'entends ?
- ✔ Qu'est-ce que je sens ?
- ✔ Sur quoi suis-je assis ?
- ✔ Qu'est-ce que je ressens ?
- ✔ Qu'est-ce que je touche ?
- ✔ Qu'est-ce que je vois ?
- ✔ Quelle est la température ?

Revenir à cet instant va calmer immédiatement toutes nos pensées.

Pourquoi endurer des souffrances avant l'arrivée de l'échéance ? Une fois en prévention et une autre lors de la véritable éclosion du problème.

Les scénarios alarmants que nous imaginons créent des dommages inutiles, et ces « convictions limitantes » peuvent véritablement affecter notre comportement de manière à provoquer les situations redoutées, amplifiant un cycle d'anticipation négatif de rétroaction.

Identifier et stopper ces pensées dès leur naissance peut représenter une avancée significative pour retrouver le contrôle.

La clé réside dans la capacité à se concentrer sur le moment présent, ce qui permet de préserver notre esprit des distractions inutiles et d'orienter nos efforts vers des solutions concrètes.

On dit souvent que la personne déprimée vit dans le passé, tandis que l'individu anxieux se tourne vers l'avenir. Ainsi, profiter de l'instant présent est crucial pour préserver notre équilibre psychologique, résoudre des problèmes concrets et jouir pleinement de la vie.

La maîtrise de nos émotions ne se réalise pas par leur suppression, mais à travers une attention minutieuse et une compréhension appropriée de leur sens.

En acceptant inévitablement le passé et en profitant de chaque moment présent, nous libérons notre esprit des préoccupations inutiles tout en construisant une base solide pour le futur.

Les émotions constituent des indicateurs importants, des signaux révélateurs de ce qui se passe en nous et dans notre environnement. En restant attentifs, nous ne répondons plus de façon instinctive aux situations, mais choisissons des réponses bien pensées et conformes à nos valeurs.

Par conséquent, l'idée d'auto-surveillance ne consiste pas en un contrôle rigoureux, mais plutôt en une forme de « lâcher-prise » sur ce qui échappe à notre maîtrise et en une optimisation de la gestion de nos réactions. En contrôlant nos émotions plutôt qu'en les négligeant ou en nous laissant submerger, nous regagnons la maîtrise de notre bien-être individuel. C'est la capacité de ressentir sans être inondé, et d'expérimenter une forme de calme intérieur en dépit des caprices externes.

L'anxiété et la préoccupation proviennent souvent de notre tendance à imaginer des perspectives pessimistes qui, généralement, ne se réalisent pas.

Accueillir nos pensées anxieuses plutôt que de les fuir peut aider à diminuer leur intensité.

Se concentrer sur l'instant présent permet de savourer les moments précieux et d'éviter de se perdre dans des pensées négatives. Cela peut également aider à réduire la surcharge cognitive.

Il est libérateur de constater que plus de 90 % de nos peurs ne se réalisent pas. Cela nous pousse à revoir nos pensées négatives et à ne pas leur accorder une importance démesurée.

Être présent dans l'instant aide à réduire l'anxiété. En s'impliquant de manière proactive dans nos vies, nous avons l'opportunité de déceler un sens et une direction, éloignant ainsi les pensées perturbantes.

Le fait de reconnaître que l'anxiété est souvent une construction psychologique, dissociée de la réalité, peut nous aider à la dissocier de notre quotidien.

En utilisant judicieusement notre créativité, nous avons l'opportunité de trouver des solutions aux problèmes qui nous préoccupent et de réduire leur impact sur nous.

Ces aspects soulignent l'importance d'une approche douce et bienveillante envers nos pensées. En intégrant des pratiques de pleine conscience et en cultivant une perspective plus positive, nous pouvons renforcer notre bien-être et aborder les défis avec plus de sérénité.

Embrasser la nature de la vie, c'est cultiver la sérénité.

La reconnaissance et la conscience dans notre quotidien est important.

Effectivement, reconnaître que nous ne pouvons pas tout contrôler est essentiel pour parvenir à une vie plus tranquille et équilibrée.

Cela nous permet de traiter nos inquiétudes plus efficacement et de concentrer nos efforts sur ce qui est réellement sous notre contrôle, tel que notre comportement et nos interventions.

L'acceptation des imprévus de la vie et de l'incertitude associée renforce notre robustesse et nous aide à considérer les défis d'une manière plus optimiste. Cela nous encourage également à nous libérer de pensées nuisibles qui pourraient nous freiner, ce qui nous donne la capacité d'agir de manière plus positive et efficace.

Cette approche pourrait transformer radicalement notre manière de vivre et d'interagir avec notre environnement.

Chaque effort compte, influencez ce qui est entre vos mains.

En se concentrant sur ce qui est réellement en notre pouvoir, nous pouvons mieux canaliser notre énergie pour gérer l'anxiété et les défis personnels.

Cela nous fournit non seulement l'occasion d'agir concrètement, mais également de recevoir modestement les aspects de notre vie qui dépassent notre contrôle.

Il est **essentiel de mettre en lumière nos problèmes et notre réaction** à ceux-ci pour favoriser le changement.

Cela peut conduire à une meilleure appréhension de nos émotions et de nos comportements, nous donnant ainsi la possibilité d'adopter des perspectives plus positives et dynamiques.
Le processus exige une introspection et une acceptation, ce qui nous permet de progresser sans être freiné par la peur ou l'indécision.

Vivez l'instant sans chaînes émotionnelles.

Abordons la notion de détachement émotionnel et d'auto-observation.

En observant nos émotions sans porter de jugement ni les nier, nous parvenons à les appréhender de manière plus saine. Ceci nous donne la possibilité d'établir une séparation entre nous et nos sentiments.

Il est essentiel d'accepter nos émotions, qu'elles soient de nature positive ou négative. En supposant que la tristesse, par exemple, n'est qu'un élément de notre expérience, évitons de nous caractériser entièrement par ce sentiment.

L'examen objectif de nos émotions nous préserve de leur domination excessive. Cette neutralité nous permet de comprendre que nos émotions sont éphémères (temporaire) et ne définissent pas intégralement qui nous sommes.

En développant cette séparation émotionnelle, nous

acquérons la faculté (capacité) de choisir comment réagir à nos émotions. Cela consolide (améliore) notre autonomie et notre développement.

Le fait que nous soyons plus que nos émotions du moment souligne le caractère fugace (momentané) de chaque état émotionnel. Éprouver de la tristesse en un instant donné ne signifie pas nécessairement que nous demeurerons tristes indéfiniment.

Cette méthode encourage un équilibre affectif et une résilience susceptibles d'améliorer considérablement notre bien-être. C'est une voie pour une meilleure compréhension de soi-même et une plus grande liberté intérieure.

« Que la force me soit donnée de supporter ce qui ne peut être changé, le courage de changer ce qui peut l'être et la sagesse de distinguer l'un de l'autre. »– Marc Orel.

EN BREF...

Il est bénéfique de développer la pleine conscience pour calmer l'esprit et atténuer l'anxiété. En restant ancré (enraciné) dans le moment présent, nous réduisons l'influence des pensées négatives et des anticipations futures qui sont souvent sources de stress.

Les clés pour y parvenir sont multiples :

- **La respiration consciente est** un outil simple et efficace pour calmer le mental et se recentrer.
- En portant notre attention sur ce que nous voyons, entendons, sentons, touchons et goûtons, **les cinq sens**, nous nous connectons à notre environnement de manière plus profonde et authentique.

- **Accepter** que le passé est révolu et que l'avenir est incertain nous libère de l'emprise des regrets et des inquiétudes.
- Plutôt que de nous laisser submerger par nos pensées, nous apprenons à les **observer** avec détachement.
- **Agir** dans le présent nous permet de canaliser notre énergie de manière constructive et de réduire l'anxiété.
- En **écoutant nos émotions**, nous pouvons mieux comprendre nos besoins et prendre des décisions plus éclairées.

Les bénéfices sont nombreux :

- Réduction du stress et de l'anxiété
- Amélioration de la qualité de vie
- Augmentation de la conscience de soi
- Développement de la résilience
- Plus grande sérénité face aux défis

Cela nous incite à adopter une posture plus tranquille envers la vie en développant la conscience de soi, l'acceptation et l'action. En tirant parti des leçons stoïciennes (impassible, dure), nous avons la possibilité de renforcer notre résilience et d'atteindre une compréhension plus profonde de notre vie.

L'APPREHENSION DE LA MALADIE

Dans notre société, le cancer est généralement associé à la mort. C'est une idée erronée, car on ne meurt pas nécessairement du cancer. Nous craignons tous la maladie, quelle qu'elle soit.

Il serait meilleur pour notre bien-être de nous dire :

« **OK, pour l'instant je n'ai rien, tout va bien. C'est vrai que demain je peux mourir d'un accident, d'une crise cardiaque...** »

Prévoir l'avenir, notamment des événements désastreux, est nuisible. Avez-vous des garanties que ce que vous envisagez va véritablement arriver ?

Interrogez-vous plutôt sur ce qui va bien dans votre vie aujourd'hui.

Quelle gratitude pourriez-vous avoir pour la vie ?

À force de peur, nous solidifions « quelque chose » dans nos convictions et/ou dans le corps, et il est essentiel de savoir défaire cela.

Si cette tâche de défigement n'est pas effectuée, vous risquez de développer des symptômes psychosomatiques. S'ils apparaissent, cela indique que vous ressentez vos souffrances.

Bien que vous puissiez penser : « c'est dans ma tête », il arrive néanmoins que ce soit le corps qui souffre.

Le corps peut souffrir, car une peur peut se cristalliser et battre sans relâche.

L'acceptation

L'angoisse d'une éventuelle maladie peut immobiliser le corps et saturer l'esprit avec des scénarios terrifiants, même sans motif concret. Cette anxiété repose fréquemment sur des hypothèses infondées, mais elle engendre un cercle vicieux de culpabilité et de préoccupations. Reconnaître cette peur, sans se blâmer ni éprouver de la culpabilité, est crucial pour se défaire de ce fardeau mental.

L'acceptation implique de reconnaître cette limite et de s'apaiser avec, même si cela peut être ardu. Reconnaître que la peur de la maladie peut causer un traumatisme est la première étape vers le progrès. En considérant cette expérience comme un élément normal de notre parcours, nous pouvons en prendre conscience et entreprendre des démarches positives.

Cette compréhension peut faciliter la réduction de la peur, soit de manière naturelle au fil du temps, soit grâce à l'assistance de spécialistes pour décharger le corps de ses tensions.

Malgré les obstacles, il est important de se concentrer sur la vie et de garder espoir, car il y a toujours une chance de guérison et de dépassement.

Donnons une chance à la vie.

Les blessures et l'angoisse anticipée d'une maladie soulignent notre humanité et nous confèrent à la fois humilité et force. Ces vécus, malgré leur intensité, participent à notre évolution en instaurant une distinction entre un « avant » et un « après » dans nos existences.

Que l'on parle d'une rupture, de violence ou de licenciement, chaque expérience contient un enseignement favorisant notre avancement.

En abordant nos inquiétudes, nous avons la possibilité de libérer notre esprit et d'obtenir une nouvelle perspective.

Tous les événements comportent des bénéfices.

Sans faire l'apologie de la souffrance, il faut bien reconnaître que, lorsqu'elle se présente, nous pouvons en tirer quelque chose.

L'élaboration d'un plan de route peut s'avérer bénéfique. C'est une façon de se dire :

« D'accord, j'ai cette maladie, je l'accepte. « Je ne sais pas quoi en faire, mais « quelles actions pourrais-je entreprendre pour surmonter ma peur au lieu de me concentrer sur le négatif ? » lire des ouvrages, assister à des séminaires, se documenter sur la maladie... »

Trouver des solutions.

Au lieu de rester dans l'ignorance et de générer des craintes, de la frayeur et par conséquent des traumatismes, il est préférable de s'informer.

Consulter des livres, assister à des séminaires, discuter avec des individus qui ont été impliqués d'une manière ou d'une autre...
Cela nous aidera à surmonter notre peur.

Inspirer les autres.

Peu importe ce qui se passe, tant que nous restons debout,

nous avons la capacité d'inspirer les autres.

Il est difficile de rester ancré dans l'instant présent, mais cette capacité se transforme en une puissante force lorsqu'on admet que ni le passé ni l'avenir n'ont un pouvoir direct sur notre vie actuelle.

Le passé, même s'il est derrière nous, peut effectivement être un tremplin, non pour nous enfermer dans d'anciennes craintes, mais pour nous rappeler que nous avons surmonté des obstacles et que nous en sommes sortis renforcés et plus conscients.

L'approche qui consiste à « gérer les situations au fil du temps » est précieuse, car elle nous évite de projeter inutilement la douleur en imaginant des scénarios qui ne se produisent que dans notre esprit. Cette méthode encourage aussi les autres à suivre le même chemin en démontrant que la résilience est réalisable.

En partageant nos vécus, en particulier les peurs que nous avons surmontées, nous démontrons non seulement que nous ne sommes pas isolés dans nos sentiments, mais aussi qu'il y a des méthodes pour les apaiser. Inspirer, c'est fréquemment démontrer notre humanité, notre vulnérabilité et notre capacité à progresser malgré les doutes.
Lorsque l'on observe une personne ayant surmonté des obstacles et trouvé des solutions, cela démontre qu'il est réalisable de transcender ses problèmes et de se développer.

Cela crée un effet de miroir et d'inspiration qui nous donne l'envie de tendre la main à d'autres pour les guider, de façon humble, vers leur propre chemin.

Cela engendre un élan de réflexion et d'inspiration qui nous incite à aider les autres, avec humilité, à trouver leur propre voie. En assumant un rôle initiative, nous nous reconnectons avec notre humanité en faisant preuve de compassion tant pour nous-mêmes que pour autrui. Ce cheminement nous libère du statut de victime et nous permet de convertir nos expériences en sagesse, en instruments et en conseils pour nous-mêmes et pour les autres.

C'est une méthode qui privilégie une progression individuel, mais également collectif, étant donné que chaque avancée dans notre propre processus de guérison participe à l'amélioration du monde qui nous entoure.

Le concept selon lequel nos expériences peuvent être un catalyseur d'évolution, et non une blocage, est une belle manière de surmonter les obstacles pour nous transformer en une version plus entière et unifiée de nous-mêmes.

La vie ne pose aucun défi que nous puissions surmonter.

Il est instinctif de ressentir de la peur face à un obstacle, mais nous ne devons pas laisser l'expérience d'autrui influencer notre propre réaction.
Chaque défi est singulier, et chaque personne possède des ressources profondes et fréquemment inattendues pour y répondre.

Chacun de nous possède une faculté d'adaptation qui se révèle lorsque la situation l'exige.
Et, bien que nous ayons souvent l'habitude de mettre nos défis en parallèle avec ceux des autres, il est essentiel de comprendre que notre pouvoir découle de notre aptitude à gérer ce qui se présente sur notre propre parcours.

Les ressources intérieures, que ce soient le courage, la résilience ou la créativité, s'éveillent et se renforcent au contact des défis qui nous sont propres.

En renforçant cette confiance en nos capacités et notre potentiel, nous réalisons que même les défis les plus difficiles peuvent être surmontés, et qu'ils nous transforment généralement en versions de nous-mêmes plus résilientes et plus éclairées.

Écoutez votre corps, prévenez la maladie, les signaux sont là, prenez le temps de les entendre.

Exploiter la peur comme un indicateur avisé au lieu d'un poids lourd. Cette crainte, lorsqu'elle est assimilée de manière positive, peut se transformer en guide pour une existence plus harmonieuse, nous permettant d'identifier les domaines de déséquilibre ou potentiellement nuisibles à notre santé, tels qu'un stress excessif, une alimentation irrégulière ou un déficit de sommeil.

Lorsqu'elle est bien exploitée, la peur invite à prendre du recul, à réfléchir et à faire des choix réfléchis. Il s'agit d'un passage du mode réactif, généralement axé sur l'anticipation anxieuse, à un mode proactif, centré sur des actions actuelles visant à préserver ou rétablir notre équilibre.

Au lieu de spéculer sur ce qui pourrait se passer, nous pouvons concentrer nos efforts sur ce que nous avons la possibilité de modifier dès maintenant, en prêtant attention à ces indices corporels et en ajustant notre mode d'existence.

Cette méthode nous aide à évoluer d'une condition de survie vers une existence pleinement consciente, où chaque léger changement devient une forme de prévention et d'alignement individuel. En adoptant ce genre de conscience, nous cessons de « subir » notre peur et orientons notre énergie vers des actions bienveillantes envers nous-mêmes.

EN BREF...

L'association systématique entre maladie et mort est une source d'anxiété inutile. La peur de la maladie peut générer des scénarios catastrophiques et des symptômes psychosomatiques, même en l'absence de raison médicale.

Les principaux points abordés sont :

- **Accepter la peur,** sans jugement, est la première étape pour s'en libérer.
- Se **concentrer sur l'instant présent** permet de réduire l'anxiété liée au futur.
- La peur peut être un signal d'alarme, incitant à prendre soin de soi.
- Témoigner de ses expériences peut aider à inspirer et à soutenir les autres.
- Chaque épreuve, même douloureuse, est une opportunité de croissance, de résilience.

Les bénéfices de cette approche sont multiples :

- Amélioration du bien-être mental et physique
- Renforcement de la résilience
- Développement d'une perspective plus positive
- Création de liens sociaux plus forts

En cultivant la présence à soi, l'acceptation et l'espoir, il est possible de transformer la peur en une force motrice pour vivre pleinement. L'attitude sera plus sereine face à la maladie et à la mort.

LA CRAINTE DE LA MORT

L'angoisse liée à la mort et à la souffrance est une préoccupation courante qui peut souvent nuire à notre existence quotidienne, nous empêchant de vivre pleinement l'instant présent. Il est essentiel de mentionner que cette peur est complètement humaine et naturelle, surtout lorsqu'on aborde ce sujet face à l'inconnu.

Il est certain que l'étude des témoignages de ceux qui ont vécu des expériences de mort imminente (EMI) peut offrir des perspectives apaisantes et réconfortantes. Ces récits peuvent nous aider à redéfinir notre vision de la mort, en mettant en lumière qu'il existe des points de vue variés et parfois encourageants sur cette transition.

Des ouvrages comme celui du Dr Jean-Jacques Charbonnier (La mort expliquée aux enfants mais aussi aux adultes) apportent également un éclairage sur ce thème, le rendant plus accessible, non seulement pour les enfants, mais aussi pour les adultes en quête de réponses.

Reconnaître que la mort fait intrinsèquement (totalement) partie de l'existence peut alléger une partie de nos préoccupations.

Au lieu de craindre cela, nous pourrions tirer parti de cette prise de conscience pour vivre plus intensément, en appréciant chaque moment et en cultivant des relations importantes.

Il est également significatif d'aborder le sujet de la souffrance, que cela concerne soi-même ou les autres. Nous pouvons atténuer nos préoccupations liées à la souffrance en engageant des discussions ouvertes et honnêtes sur les derniers instants de vie, les soins palliatifs (aidants) et les façons d'assurer un dernier voyage empreint de dignité et de tranquillité.

En fin de compte, faire face à ces peurs peut engendrer une plus grande tranquillité d'esprit et une appréciation générale

En embrassant une existence consciente et réfléchie, nous pouvons non seulement nous armer pour faire face à l'inévitable, mais aussi embellir notre vie.

Tout est affaire de croyances.

Nos croyances, qu'elles soient liées à la religion, à la culture ou à des aspects personnels, façonnent notre vision de l'au-delà et peuvent considérablement influencer notre rapport à la vie.

Depuis des temps immémoriaux (passés), deux visions cohabitent au sein de l'humanité : l'une suggère une fin totale, tandis que l'autre imagine une transition vers quelque chose d'ample (de large).

Chaque alternative peut apporter du réconfort ou du stress selon les expériences et les enseignements que nous avons acquis.

L'idée que « rien ne se perd, tout se transforme » (d'Antoine LAVOISIER) présente une vision élégante de la mort, l'envisageant comme un phénomène naturel plutôt qu'une fin de vie. C'est une façon de reconsidérer notre relation avec le cycle de la vie.

Les expériences de mort imminente (EMI) révèlent également cette notion de transformation.

Ces histoires offrent des perspectives fascinantes sur la façon dont certaines personnes perçoivent la mort comme une transition, souvent marquée par un retour sur leur vie sans jugement, mais plutôt avec une conscience plus aiguë de leurs actions et choix. Cela peut offrir une perspective apaisante sur la mort et l'idée d'un jugement.

Il est incontestable que, finalement, le choix de telle ou telle conviction a peu d'importance, tant qu'elle résonne en nous et nous oriente vers une existence plus sereine.

Il est normal que tous appréhendent la mort à travers le filtre de leurs expériences individuelles et de leur vécu personnel. Cela souligne l'importance d'aborder la mort avec sensibilité et compréhension, aussi bien pour soi que pour les autres.

La peur d'être critiqué après sa mort peut peser lourdement, en particulier dans une société où les fautes sont souvent condamnées.

En effet, chaque personne s'applique autant qu'elle le peut avec les moyens et la connaissance dont elle dispose à un moment donné. Reconnaître notre humanité commune — notre capacité à apprendre de nos fautes et à progresser — peut atténuer cette peur et favoriser un état d'esprit serein.

Finalement, adopter une vision de la mort que nous considérons juste et stimulante peut agrémenter notre vie en nous permettant d'apprécier plus pleinement le temps que nous passons ici et de vivre avec plus de vigueur, sans être constamment paralysés par la peur de l'inconnu. Dans l'Occident, notre vision des choses diffère de celle de l'Orient !

On peut prendre le temps de verbaliser ces convictions, de les classer et de les intégrer dans notre propre vision du monde.

Nos croyances (convictions) ont un impact significatif sur notre perception de la mort, et par conséquent, sur notre expérience de la vie.

Les croyances que nous avons formées durant notre enfance peuvent nous rendre susceptibles de ressentir de la peur ou de l'anxiété face à l'incertitude.

Habituellement, ces convictions proviennent de récits culturels, religieux ou familiaux qui créent une interprétation particulière de la mort, pouvant être teintée de négativité ou de fatalisme.

En prenant le temps de réfléchir et de dresser une liste de ces convictions, nous sommes en mesure d'identifier celles qui nous profitent et celles qui représentent des entraves (obstacles).

Ce processus de réflexion interne nous permet de mieux comprendre nos émotions individuelles, en différenciant ce qui est spécifique à notre vécu de ce qui nous a été imposé. C'est une façon d'acquérir de l'autonomie dans notre réflexion, en choisissant une perspective qui nous rassure et nous maintient en équilibre.

Il est important de comprendre que, même en embrassant une perspective (vision) plus sereine de la mort, cela ne signifie pas que la peur disparaît complètement. La crainte peut persister, mais elle peut se révéler moins constante.

En instaurant une distance entre nous et nos préoccupations, nous sommes en mesure de les analyser avec une clarté accrue.

Cela nous permet d'approcher la question de la mort non pas en tant que sujet tabou, mais comme un élément inhérent (naturel) à l'existence, une étape naturelle pouvant être considérée avec plus de tranquillité et de réflexion.

En développant une compréhension plus fine de la mort, nous avons également la possibilité de tisser un lien plus véritable avec la vie.

Ceci nous donne la chance de vivre plus consciemment et avec plus de gratitude, de profiter pleinement de chaque moment tout en reconnaissant que la peur fait partie intégrante de notre condition humaine. Ce processus de conciliation (pacification) et de réflexion peut apporter une sérénité, même sur un thème aussi délicat que la mort.

Suite à l'établissement de notre conception de la mort par une liste de nos convictions, nous pourrions percevoir une certaine harmonie. Cela ne signifie pas que la peur disparaît entièrement, mais plutôt que nous avons la possibilité de nous sentir plus en phase avec ce sujet, engendrant ainsi une sorte de distanciation.

N'échappez pas au sujet de la mort, recherchez des informations.

Il est essentiel d'aborder ce sujet avec curiosité et une mentalité ouverte. La peur de la mort peut souvent être exacerbée (aggravée) par l'ignorance ou les préjugés. En choisissant d'aborder cette question, nous pouvons commencer à la déconstruire et à la comprendre de manière plus nuancée.

En nous penchant sur différentes perspectives — qu'elles soient d'ordre scientifique, spirituel ou culturel — nous ouvrons notre champ de vision et avons la possibilité de nous libérer des croyances qui nous maintiennent dans la peur.

L'examen d'œuvres comme celles de Stéphane Alix ou la participation à des séminaires peuvent enrichir notre compréhension et offrir des perspectives précieuses (trouver une solution sans recourir à une série de tentatives successives) sur les expériences de mort imminente et les processus liés à la mort.

En adoptant une attitude de curiosité et en recherchant des informations à l'avance, nous sommes en mesure d'aborder ce thème souvent épineux (difficile). Cela nous offre la chance de formuler nos propres perspectives, ancrées dans une variété de savoirs, plutôt que de rester enfermés dans des récits historiques.

Devant la mort, nous percevons également qu'elle constitue un élément crucial de l'existence, une démarche inéluctable (inévitable) qui doit être intégrée à notre vision globale de la vie.

Finalement, considérer notre propre vision de la mort et explorer différentes perspectives nous aide à trouver un équilibre.

Ceci nous permet de croire que la mort ne devrait pas être un sujet de peur, mais plutôt un élément naturel de la vie qui peut nous apprendre à vivre plus intensément.

En développant cette connaissance, nous pouvons établir un environnement où la mort est considérée comme une transition, une transformation, et non pas comme une fin. Cela nous permet de vivre chaque instant avec plus d'intensité et de détermination.

Écoutez ce qui nous fait trembler.

La peur de la mort, souvent liée à des émotions de souffrance et de perte, représente une réaction instinctive face à l'incertitude.

Notre désir de quitter ce monde paisiblement, sans douleur, souligne notre nécessité de contrôle face à ce qui semble être l'un des aspects les plus imprévisibles de notre vie.

Cette peur est souvent accentuée par l'incertitude associée à la douleur potentielle liée aux derniers instants de vie.

Il est essentiel de reconnaître et d'apaiser cette partie de nous qui ressent de la peur. Cela commence par l'attention portée à nos sentiments et à nos pensées. Se poser des questions comme « Qu'est-ce qui me fait véritablement peur ? » permet d'explorer la source de notre angoisse.

Ces peurs sont parfois liées à des pensées éphémères (passagères) qui dérangent notre tranquillité d'esprit. En les scrutant (examinant) attentivement, nous avons la possibilité d'amoindrir leur influence sur nous.

Il est aussi vrai que plus nous réfléchissons à la mort, plus cela peut engendrer de l'anxiété, particulièrement lorsqu'on traverse des moments de bonheur et de satisfaction.

La peur de la fin d'une expérience joyeuse peut nous détourner de l'appréciation du moment présent, en nous focalisant plutôt sur l'angoisse de la perte.

Pratiquer la pleine conscience peut favoriser le retour à l'instant présent, en nous enracinant dans le présent, au lieu de nous submerger de pensées anxieuses.

Si cette inquiétude devient fréquente et lourde, il pourrait être utile de se tourner vers un soutien.
Discuter avec un spécialiste ou une personne fiable peut fournir des perspectives utiles et des tactiques pour gérer ces sentiments.

Admettre que nous partageons tous des craintes et que nous ne sommes pas les seuls à vivre cela est un pas crucial pour calmer notre esprit.

Au final, reconnaître que la crainte de la mort fait partie intégrante de notre condition humaine peut nous libérer pour mener une vie plus riche et épanouissante. Cela nous donne l'opportunité de convertir notre rapport à la mort en un facteur qui nous incite à valoriser la vie, à savourer chaque moment et à entretenir des relations importantes.

La peur de la mort peut souvent être amplifiée par des événements traumatisants ou des souvenirs marquants (réminiscences) qui mettent en évidence notre vulnérabilité.

Pour rassurer la partie de nous qui a peur, il peut être utile d'adopter quelques approches :

Il est nécessaire de reconnaître que la peur est une réaction humaine courante. Au lieu de la réprimer, il peut être avantageux de lui accorder de l'espace et d'examiner ce qu'elle représente pour nous.

Le fait de se focaliser sur l'instant présent peut atténuer l'anxiété découlant des prévisions pour l'avenir. Des méthodes telles que la méditation ou la respiration consciente peuvent nous aider à centrer notre esprit sur l'instant présent.

Il arrive qu'une meilleure compréhension de la mort et de ses implications puisse atténuer certaines craintes. Consulter des ouvrages, prendre part à des débats ouverts ou assister à des séminaires sur le thème peut apporter de nouvelles visions.

Discuter avec un thérapeute, un patient expert santé mental diplômé ou un coach de santé peut aider à examiner des traumatismes antérieurs et à acquérir des méthodes constructives pour les gérer.

Établir des rituels en mémoire de nos proches décédés peut métamorphoser la crainte en une célébration de leur existence. Cela peut permettre de percevoir la mort non seulement comme une fin, mais également comme un élément du cycle de la vie.

En adoptant ces méthodes, nous pouvons commencer à calmer l'aspect de nous qui redoute la mort, lui donnant la possibilité de cohabiter avec des émotions de tranquillité et d'acceptation.

La récupération d'énergie.

En effet, plus nous nous concentrons sur une peur, plus elle grandit, ce qui peut nous paralyser.

Quand nous focalisons notre regard sur nos craintes, nous leur conférons du pouvoir. Cela engendre un cercle vicieux où la peur suscite de l'anxiété, laquelle nourrit davantage la peur. En comprenant ce processus, nous pouvons entamer sa démolition.

En cessant de nourrir nos craintes, nous regagnons non seulement de l'énergie, mais également du temps et de la créativité que nous pouvons réorienter vers des activités qui nous apportent enrichissement et épanouissement. Cela peut mener à une existence plus vivante et heureuse.

En maîtrisant nos peurs, nous regagnons la direction de notre existence. Cette procédure de désensibilisation (libération) favorise une meilleure gestion d'autres éléments de notre vie, nous rendant plus robustes face aux défis.

La question « **Quels seraient les avantages à ne plus avoir peur de la mort ?** » est une excellente manière de réfléchir. Elle nous pousse à envisager les possibilités d'une vie vécue avec plus de liberté et de légèreté. En écrivant nos réflexions, nous clarifions notre pensée et pouvons commencer à voir la situation sous un angle différent.

Cette méthode concerne toutes sortes de craintes, que ce soit en lien avec la mort, les relations, l'échec, et ainsi de suite. Chaque crainte que nous parvenons à dépasser dévoile de nouvelles possibilités et perspectives.

En définitive, minimiser l'importance de nos craintes peut changer non seulement notre perspective mentale, mais aussi notre qualité de vie. Cela nous autorise à vivre de manière plus riche et à savourer les instants précieux qui nous entoure.

La prise de conscience de la mort nous offre la possibilité d'apprécier pleinement la vie.

Si nous étions immortels, il est possible que nous percevrions la vie comme acquise, ce qui pourrait diminuer notre désir de créer et d'avoir des expériences significatives. La reconnaissance de notre finitude (fragilité) nous pousse à apprécier chaque instant et à adopter une conduite plus réfléchie.

Réaliser que chaque réunion de famille et chaque moment

partagé a une certaine importance nous aide à cultiver notre sentiment de gratitude. La perte d'un être cher nous révèle la vulnérabilité et l'importance inestimable de ces moments. En célébrant ces événements conjointement, nous renforçons les liens et soulignons l'importance de notre présence réciproque.

Il est essentiel d'atteindre un équilibre entre une appréhension constructive de la mort et l'inquiétude qu'elle peut susciter. Au lieu de se concentrer sur la peur de perdre nos proches, il serait plus bénéfique de souligner que nous sommes ensemble ici et maintenant. Cela nous aide à apprécier les moments sans les entacher de pensées négatives.

L'importance des liens affectifs et relationnels se révèle à travers la mort. Manifester cet amour et cette gratitude envers les autres, en prenant le temps de le faire, renforce nos relations et enrichit notre vie.

La prise de conscience de notre finitude peut éveiller en nous un désir accru de vivre intensément. Chaque désir de réaliser quelque chose ou d'explorer de nouvelles expériences se mue (transforme) en une incitation à agir et à profiter de chaque opportunité qui se présente.

Plutôt que de craindre la mort, nous pourrions voir sa célébration comme un élément fondamental de la vie. Ceci nous permet d'apprécier notre existence tout en admettant que la mort fait partie intégrante de notre parcours. Chaque instant de la vie peut donc être perçu comme une célébration de celle-ci.

En définitive, mettre l'accent sur ce qui compte pour nous et établir ce que nous voulons laisser comme héritage de notre passage peut orienter favorablement notre vie. Cela nous encourage à vivre de manière authentique, à créer des souvenirs et à transmettre un héritage qui reflète nos principes et nos passions.

Ces réflexions montrent que la mort, loin d'être un sujet tabou ou anxiogène, peut se transformer en source d'inspiration et de valorisation dans notre vie. En vivant pleinement le moment présent, en tenant en haute estime nos relations interpersonnelles et en comprenant la véritable valeur de la vie, nous pouvons enrichir notre existence personnelle tout autant que celle des individus qui nous entourent.

EN BREF...

Ce sujet détaillé examine la complexité de la peur de la mort et propose des moyens pour la réduire. Il met en évidence que cette crainte est commune et légitime, mais qu'elle peut être réduite grâce à diverses méthodes.

- La peur de la mort est une **réaction humaine naturelle**, exacerbée (augmentée) par l'incertitude et l'inconnu.
- Nos croyances, façonnées par la culture et les expériences personnelles, influencent profondément notre perception de la mort.
- S'informer et discuter de la mort permet de démystifier (d'éclairer, donner de explications) le sujet et de réduire l'angoisse.
- Se concentrer sur l'instant présent aide à atténuer les pensées anxieuses liées au futur.
- Cultiver des liens solides avec les autres donne un sens à la vie et atténue la peur de la solitude.
- En transformant la peur en une motivation pour vivre pleinement, nous pouvons trouver un nouvel équilibre.

Les bénéfices d'une telle approche sont nombreux :
- Une plus grande sérénité face à l'inéluctable
- Une appréciation accrue de la vie
- Des relations plus profondes avec les autres
- Une meilleure compréhension de soi

En adoptant une attitude d'ouverture, de curiosité et de bienveillance face à la mort, nous pouvons métamorphoser (transformer) cette crainte en un vecteur (canal, chemin) de sagesse et de développement personnel. En développant la pleine conscience, en consolidant (renforçant) nos relations interpersonnelles et en embrassant une vision plus vaste du monde, nous sommes en mesure de mener une existence plus abondante et plus satisfaisante.

L'INSATISFACTION, LA QUETE (RECHERCHE) DE PERFECTION

En éliminant une sensation qui nous entoure constamment, nous avons l'impression de nous heurter à un mur.

Il est irréaliste de penser qu'on peut stopper des habitudes ancrées depuis des années en un instant, la perfection ne se conquiert pas aussi rapidement. C'est plutôt un processus qui remonte à longtemps.

Cela ressemble un peu à une pensée : plus nous essayons de l'éliminer, plus elle retient notre attention, semblable au son d'un tic-tac qui nous empêche de dormir la nuit.

Il est naturel de vouloir supprimer une source de désagrément, car notre esprit l'identifie comme un problème et nous tendons instinctivement à le résoudre.

Accueillir plutôt que de supprimer ou mettre fin à quelque chose.

Accepter ce qui est signifie que, lorsque nous reconnaissons qu'il y a un sentiment qui existe, mais qui nous déplaît, reconnaître cet inconfort, nous allons pouvoir y mettre de la lumière, une couleur, de la conscience pour la détendre.

Lorsque nous avons quelque chose en nous qui ne nous plaît pas et que nous voulons bannir ou supprimer, nous allons y mettre de la conscience, de l'attention, et forcément toute l'énergie va suivre vers cela.

Dès lors que nous acceptons simplement cet aspect de nous-mêmes, en l'occurrence le perfectionnisme, tout commencera à se détendre quelque peu. Donc, notre attention portée à ce sujet sera moins intense.

C'est réellement à l'opposé de nos réponses habituelles. Dès qu'un sujet ne nous plaît pas, nous tendons à l'ignorer, puis à y réfléchir profondément et finalement, nous en venons à le travailler tous les jours.

Reconnaître que nous sommes ici pour tenter de nombreuses expériences, et que nous possédons une gamme d'émotions, d'expériences avec des éléments qui nous procurent de la joie, d'autres qui sont moins réjouissants et parfois difficiles à supporter. Quand nous accueillons cet ensemble d'expériences, nous ne sommes déjà plus en train d'exclure ce qui ne nous convient pas.

Éliminer ou effacer, ce serait éradiquer une part de nous qui nécessite de fonctionner de cette manière.

Si cela devient trop encombrant, nous devrons envisager des moyens de diminuer cette portion ou ce sentiment qui est désagréable, et cela débute déjà par l'acceptation de notre être tel qu'il est.

La satisfaction est un élément d'un éventail de sensations plaisantes et moins plaisantes. Plus nous chercherons à accueillir et à clore, plus nous tirerons de la force.

Cela peut être une épreuve douloureuse pour le perfectionniste, et parfois insatisfaisante, mais la perfection est soit inexistante, soit très subjective. Prendre simplement conscience de cela, mettre ce sujet en lumière, constitue déjà une avancée considérable. Ce malaise fait partie d'une gamme d'émotions que nous devons expérimenter.

L'accueil, c'est peut-être simplement reconnaître les choses, et reconnaître les choses, c'est prendre un temps pour ressentir ce qui se passe dans le corps, peut-être des manifestations physiques, peut-être des pensées qui nous polluent…

- ❖ Que se passe-t-il lorsque nous nous sentons insatisfaits ?
- ❖ Que se passe-t-il lorsque nous voulons mettre fin ?
- ❖ Que se passe-t-il lorsque nous ne voulons pas commencer ?
- ❖ Comment cela se manifeste-t-il dans le corps ?

Observer les avantages.

Discutons désormais de l'ambivalence qui entoure la poursuite de la perfection et de l'insatisfaction.

Ces états, bien qu'ils soient souvent éreintants, peuvent aussi agir comme des catalyseurs positifs pour dépasser nos limites supposées et découvrir des perspectives inattendues.

Il est à noter que, malgré une apparente toxicité, l'insatisfaction et le perfectionnisme peuvent parfois agir comme un stimulant, nous poussant à rechercher sans cesse de nouvelles méthodes pour améliorer nos actions.

En se concentrant sur les avantages possibles, nous évoluons d'une interprétation stricte de l'insatisfaction et du perfectionnisme vers une perspective plus nuancée et constructive. Cela aide à réduire la tension que l'on s'impose et à reconnaître les progrès accomplis.

L'idée de consigner les réussites, même incomplètes ou défectueuses, est une excellente approche. Elle permet non seulement de quantifier le progrès réalisé, mais également d'évaluer la valeur des efforts consenti, même si le produit final ne correspond pas à notre aspiration de perfection.

Cet exercice illustre à quel point notre quête de profondeur a enrichi nos vies, ce qui, par ricochet, réduit le stress découlant de l'insatisfaction et encourage une certaine bienveillance envers soi-même.

Le perfectionnisme peut ainsi être redéfini comme un instrument, à condition qu'il soit contrebalancé par une évaluation sincère de ce qui a été réalisé et des bénéfices positifs qu'il a contribué à obtenir.

Quand le mécanisme de l'ego devient démesuré, il est essentiel de le révéler.

J'aime donner à mon ego le nom de « Donuts », c'est ainsi que s'appelle mon caniche qui jappe souvent pour une chose ou une autre.

Cela apporte une dimension divertissante à ce qui peut être lourd, tout en offrant la possibilité de prendre du recul. À l'instar d'un compagnon fidèle, Donuts a ses propres motifs d'aboyer – généralement pour nous défendre ou par instinct – mais lui demander avec douceur de se taire est une manière de revendiquer son espace.

En identifiant vos désirs tout en établissant une frontière, vous maintenez la maîtrise de la « télécommande » de votre existence, sans permettre à l'ego de prévaloir sur vos décisions ou de vous entraver.

En essayant de vous préserver, Donuts a tendance à mettre en place des barrières pour prévenir l'échec ou la désillusion, nous persuadant que la perfection est le seul critère légitime – une aspiration irréalisable et avant tout subjective.

En répondant à Donuts par un simple « je t'ai vu, mais j'ai envie d'essayer », vous transformez l'énergie de cette voix critique en quelque chose de plus constructif.

Cela constitue un cadre où le risque d'échec ne menace plus l'estime de soi, mais représente une occasion d'apprendre et d'avancer.

Cette méthode permet également de nuancer l'idée de perfection, qui est à la fois subjective et individuelle. Ceci nous rappelle que le principal n'est pas de répondre à cette recherche d'idéal, mais de se permettre d'agir, de créer et d'explorer, malgré les doutes persistants de Donuts.
En abordant Donuts avec humour, nous atténuons la gravité de ses interventions et reprenons progressivement le contrôle.

Dans ce contexte, l'humour sert d'atténuateur pour l'égo, qui, lorsqu'il est moins considéré avec sérieux, perd quelque peu de sa portée. Enjoindre à Donuts de se rendre à son abri est une manière subtile de réaffirmer notre domination et de rappeler qu'en dépit des réticences de l'égo, nous avons toujours la possibilité d'essayer, d'explorer, même si ce n'est pas sans défaut.

En ajoutant cet élément de légèreté, on prévient le risque de se retrouver pris dans un conflit interne incessant. Cela contribue également à notre résilience, car si l'on réussit à se moquer de soi-même, on devient moins sensible aux critiques – en particulier celles qui proviennent de soi-même.

On pourrait presque visualiser Donuts levant un sourcil, se retirant tout penaud, mais demeurant toujours présent en arrière-plan.

La perfection n'existe pas.

Mettre l'accent sur l'insatisfaction engendre un cycle néfaste qui risque de freiner notre motivation et notre dynamique.

Cependant, garder à l'esprit que donner le meilleur de soi-même est déjà une forme de perfection nous aide à adopter une vision plus bienveillante et réaliste.

Il est fréquent de tomber dans le piège de la comparaison avec autrui, surtout quand nous évaluons notre progression en fonction du parcours d'une personne qui possède plusieurs années d'expérience. Toutefois, chaque parcours est distinct et ce qui paraît « parfait » en surface ne dévoile pas nécessairement toute la réalité qui se cache dessous.

Nous attachons une grande importance à notre épanouissement personnel en mettant l'accent sur nos propres efforts. Ceci nous donne l'occasion de fêter nos avancées, même si elles sont modestes, tout en nous désolidarisant de cette exigence de perfection qu'imposent les autres.

Au bout du compte, l'important est de donner le meilleur de soi-même, et c'est ce qui compte véritablement.

EN BREF...

Ici est exploré la difficulté de mettre fin à des habitudes ou des pensées négatives, en particulier le perfectionnisme. Il propose une approche alternative basée sur l'acceptation plutôt que la suppression.

- La quête de la perfection est souvent une **source d'insatisfaction et de souffrance.**
- **Accepter** ses imperfections et ses émotions négatives permet de les désamorcer.
- **Porter attention** à ses pensées et à ses sentiments permet de mieux les comprendre et de les gérer.
- **S'accorder de la compassion** permet de réduire le stress et d'augmenter la motivation.
- **Personnifier ses pensées négatives** peut aider à prendre du recul et à les relativiser.
- **Reconnaître ses réussites**, même les plus petites, renforce la confiance en soi.

Les bénéfices de cette approche sont multiples :

- Réduction du stress et de l'anxiété
- Amélioration de l'estime de soi
- Augmentation de la créativité et de la motivation
- Développement d'une plus grande bienveillance envers soi-même et les autres

Il est essentielle d'adopter une attitude plus bienveillante envers soi-même en acceptant ses imperfections. En cultivant la conscience de ses pensées et de ses émotions, il est possible de transformer une quête de perfection souvent illusoire en un chemin vers une plus grande sérénité et un épanouissement personnel.

L'ACCEPTATION D'UNE SITUATION DIFFICILE

À l'inverse d'une croyance répandue, accepter ne veut pas dire abandonner. Il s'agit de reconnaître une réalité et de décider de progresser malgré tout.

Dans une situation éprouvante, cela équivaut à admettre qu'aucune autre réalité ne se dessine devant nous pour le moment.

Il peut sembler insurmontable de réaliser qu'aucun acte ne peut être entrepris et que l'on doit simplement accepter la situation, qu'il s'agisse d'un décès, d'une séparation, d'une maladie ou d'un licenciement. Comment accepter cette situation, surtout quand la réalité imposée n'était pas désirée ?

Accepter signifie commencer à arrêter de résister, car nous n'avons aucun contrôle là-dessus, et admettre qu'une réalité différente de celle que nous souhaitions est désormais en place.

Dès lors qu'on prend conscience qu'il est impossible de modifier une situation qui reste toutefois pénible, on se libère de ce combat incessant, de cette opposition permanente à la réalité.

Résister requiert une grande force, car cela focalise notre attention sur le problème sans pour autant changer l'état des choses. Plus nous tenons bon, plus nous ajoutons à notre souffrance.

Quoiqu'il arrive, acceptez toutes vos émotions.

Il est normal de vivre des émotions fortes comme la tristesse, la colère, et bien d'autres lorsqu'on est confronté à des circonstances difficiles.

Prendre un instant pour soi-même, faire une pause et prêter attention à l'émotion actuelle, contribue à calmer la situation et à atténuer la souffrance intérieure.

Le véritable défi se trouve dans la douleur que nous ressentons face à nos émotions. Nous avons trop fréquemment tendance à écarter ces émotions d'un simple geste. Prendre conscience et identifier les émotions et sensations qui nous traversent est déjà une étape essentielle ; il ne faut pas les rejeter. Il est crucial d'accueillir ces sentiments, de leur offrir du temps et de comprendre qu'ils mènent fréquemment à d'autres ressentis.

On entend fréquemment : « Ah, ce n'est pas important ! « Un perdu, dix retrouvés ! ». Affirmer cela, c'est méconnaître la réalité des sentiments de l'individu. En effet, oui, c'est sérieux et c'est un moment douloureux que peut ressentir une personne, d'où le nécessité de savoir se mettre à la place de l'autre et de compatir.

Toutefois, l'objectif n'est pas de se poser en victime, mais plutôt de reconnaître la situation et de ressentir les émotions dans leur intégralité, car c'est d'une importance cruciale.

Être bienveillant avec vous-même

Il peut se développer en nous l'envie de nous critiquer, en considérant que si on nous a infligé telle ou telle situation, c'est parce que notre valeur est inférieure à celle des autres.

C'est totalement incorrect. Le comportement d'une personne

qui nous est incompréhensible ne remet pas en cause notre valeur.

Ne pas se juger est une étape cruciale vers la bienveillance personnelle, car nous avons fréquemment une tendance à nous auto-évaluer en fonction de notre formation, de notre milieu culturel et des multiples pressions qui nous conditionnent.

Il y a déjà assez d'épreuves dans certaines circonstances sans qu'on s'inflige nous-mêmes une souffrance supplémentaire.

Évitons d'ajouter de la douleur à la douleur en nous disant :

« Oui, peut-être que tout n'a pas été bien fait, mais en même temps, je ressens ces émotions, j'ai mal, j'ai besoin de m'apporter un peu d'amour, parce que c'est ce qui me manque dans les situations difficiles à vivre.»

Il serait préférable de nous identifier à nos qualités et valeurs, plutôt que de succomber à notre mécanisme de défense (oh, ce bon vieux Donuts !) qui exacerbe nos incertitudes et craintes.

Ne pas juger les autres

Notre ego a généralement une habitude à croire que c'est l'autre qui se trompe, qu'il ne saisit rien, et nous nous laissons aisément entraîner par le jugement.

Ce mécanisme n'est pas salutaire, étant donné que plus nous nourrissons ce jugement envers nous ou autrui par la parole, plus notre focalisation et notre esprit se posent sur cette circonstance.

Plus nous focalisons nos efforts sur cette situation, plus elle persiste, et plus la souffrance a le potentiel de s'étendre dans le temps.

Pour se rétablir, il est parfois indispensable de prendre distance par rapport à la situation afin de pouvoir envisager d'autres perspectives et/ou garder à l'esprit que chaque individu agit selon sa propre conscience.

Arrêter les « pourquoi ».

En se posant incessamment les questions de pourquoi cela m'arrive, pourquoi cela m'incombe toujours, on finit par tourner en rond.

Nous n'avons pas de réponse définitive à ces « pourquoi », car ces interrogations ne comportent pas de réponses évidentes. L'autre peut nous apporter des éléments, toutefois, le fond reste constamment absent.

Plusieurs facteurs peuvent en être la cause, et parfois cela n'a même pas de lien avec nous. Cependant, pour l'autre, il y a un motif justifiable d'accomplir ceci ou cela. Dès que nous laissons de côté les « pourquoi », notre inconfort diminue et nous pouvons réorienter notre concentration vers autre chose.

Faire preuve de discernement

Ce qui est sous notre contrôle peut être actionné, tandis que ce qui ne l'est pas échappe à notre maîtrise.

<u>Par exemple</u> : si une personne choisit de vous renvoyer, c'est à elle de décider et vous n'avez aucun pouvoir sur cette décision. Vous avez la possibilité de lancer une conversation, suggérer une négociation, car cela vous incombe, mais si à l'issue de l'échange et malgré vos exposés, le verdict demeure inaltéré, vous n'avez plus la possibilité d'intervenir.

Il est donc essentiel d'accepter, aussi ardu soit-il, ce deuil, car l'avenir peut nous apporter des surprises. Cela peut fréquemment conduire à la création d'une nouvelle entreprise, ainsi qu'à l'établissement de relations avec de nouvelles personnes avec qui nous sommes plus en phase.

Il est indispensable de consacrer du temps à faire la distinction entre ce qui est sous notre contrôle et ce qui ne l'est pas, et de permettre à ceux qui sont concernés de gérer ce qui leur appartient.

De cette façon, nous récupérons notre pouvoir. Cela veut dire que nous reprenons le contrôle de notre existence. Dès que nous cessons d'attendre la décision de l'autre, nous reprenons réellement le contrôle et nous sommes en mesure d'agir, percevant les avantages d'une situation qui, au départ, paraissait être un point final.

EN BREF...

Ce texte aborde la difficulté d'accepter des situations difficiles et propose des stratégies pour y faire face. Il souligne que l'acceptation ne signifie pas résignation mais plutôt une prise de conscience de la réalité afin de pouvoir avancer.

- Lutter contre l'inéluctable ne fait qu'amplifier la souffrance.
- Reconnaître et accepter ses émotions permet de les apaiser.
- Il est essentiel de ne pas se juger et de se montrer de la compassion.
- Accepter que certaines situations échappent à notre contrôle.
- Distinguer ce qui est en notre pouvoir de ce qui ne l'est pas.

Les bénéfices de cette approche sont multiples :

- Réduction de la souffrance psychologique
- Amélioration du bien-être émotionnel
- Recouvrement d'un sentiment de contrôle
- Ouverture à de nouvelles perspectives

Encourageons-nous à adopter une attitude plus sereine face aux épreuves de la vie. En acceptant la réalité telle qu'elle est, en accueillant ses émotions et en se montrant bienveillant envers soi-même, il est possible de traverser les difficultés avec plus de résilience et de retrouver un chemin vers le bien-être.

L'ANXIETE

À un certain point dans notre existence, nous sommes tous touchés par l'anxiété, généralement associée à un événement futur. Nous prévoyons donc des difficultés, amplifiant nos réflexions et exacerbant nos préoccupations.

Le cerveau est fait pour résoudre des problèmes concrets, pas ceux que nous concevons et qui ne se sont pas encore matérialisés. Comme ils ne sont pas encore là, il n'existe naturellement aucune solution.

L'anxiété nous poursuit sans relâche, nous passons nos journées et nuits à concocter des scénarios imaginaires autour de notre existence, du genre « **Que se passerait-il si cela se produisait ? Et si cela se produisait ?** » Le **"si"** crée un problème illusoire, une situation possible pour laquelle nous essayons de trouver une solution.

Se recentrer sur le présent

Il n'est pas facile de retourner à l'état actuel, mais plus nous le faisons, plus cela devient instinctif.

Cette formation demande une certaine ténacité, particulièrement lors des moments d'anxiété, cependant chaque petite séance de pratique aide à fortifier cette aptitude.

Nous pouvons débuter par des instants où tout va bien, en se recentrant sur soi-même, sa respiration et le moment présent, en observant ce qui se déroule autour de nous ici et maintenant. Quand vous dégustez un café, soyez entièrement présent avec votre tasse. Quand vous conversez avec un ami, assurez-vous d'être totalement impliqué dans cette discussion. En fait, notre esprit ne peut se concentrer que sur une tâche à la fois, alors investissez-vous pleinement dans l'activité en cours, sans vous laisser entraîner par les Donuts dans le tumulte.

Lorsque nous vivons à 100% l'instant présent, en mettant l'accent sur notre respiration et en demeurant réceptifs aux sensations et aux éléments environnants, le « si » n'a pas de place. Quand nous sommes ancrés dans le moment présent, nous avons la capacité de ressentir la chaleur ou le froid, d'écouter les sons, de capter les odeurs et de nous sentir totalement en vie.

Encore une fois, étant donné que le cerveau ne peut pas mener deux activités simultanées, il est impossible d'être à la fois dans l'instant présent, en totale résonance avec nos émotions, et absorbé par les pensées associées au « si ».

En focalisant notre attention sur nos sens, nous parvenons à nous recentrer, déconnectant ainsi notre esprit du « si ».

C'est un apprentissage quotidien, car la pensée revient rapidement, mais il est important de persister malgré les vagabondages.

C'est une formation continue, car l'esprit se détourne promptement, mais il est essentiel de persévérer malgré les divagations.

Quand nous sommes confrontés à une situation stressante, nous nous retrouvons inévitablement dans un état de malaise. Il est donc crucial d'apprendre à pratiquer l'exercice de l'instant présent, dans la mesure du possible, durant des moments de tranquillité.

Tenter de rester objectif.

Quelle que soit la situation, nous devons nous interroger : *"Quel scénario suscite notre angoisse ?"*

Nous prenons conscience que, au bout du compte, les choses ne se passent jamais comme nous les avions envisagées.

Il se peut que des événements se produisent comme nous l'avions prévu, mais ils ne sont pas forcément aussi dévastateurs que nous l'avions envisagé.
Supposons que nous voulions communiquer quelque chose à quelqu'un, mais que nous sommes incertains de la façon d'aborder le sujet. Nous allons alors ruminer, imaginant tous les scénarios envisageables. Cependant, quand nous finissons par discuter avec l'individu concerné, nous constatons que la situation ne s'est pas déroulée comme nous l'avions initialement prévu. Il arrive fréquemment que nous ayons tendance à exagérer.

Il nous faut s'efforcer de ne pas céder à notre imagination débordante et de ne pas créer une situation problématique totalement démesurée.
Il faut que nous reprenions contact avec la réalité en disant : « **D'accord, j'ai manqué le bus, je vais être en retard de 5 minutes. Je peux passer un coup de téléphone pour alerter** » (et par conséquent prendre une mesure qui interrompt le cycle des pensées négatives).

Apprendre à se détacher (lâcher-prise) et à ne rien faire.

Alors que nous sommes inquiets, nous avons tendance à ressasser nos pensées, à tourner en rond et à remplir chaque minute de notre emploi du temps dans le but de faire diversion au problème présent.

Il est significatif, face à des problèmes, de se recentrer sur le moment présent. Portez attention à votre position, à l'endroit où vous êtes assis, saisissez les arômes, la douceur du vent, et prêtez l'oreille aux bruits qui vous entourent. Cela vous offre l'opportunité de vous repositionner et de découvrir une tranquillité d'esprit supplémentaire pour le moment. L'« après » sera abordé ultérieurement, pour l'instant, tout se déroule bien.

En général, nous avons 60 000 pensées quotidiennes dont 80 % sont identiques à celles du jour précédent, sauf si un incident tragique ou peu réjouissant vient les altérer.

L'avenir est incertain, et nous ne savons pas ce que le futur nous réserve. Cependant, l'avenir appartient à ceux qui vivent dans le présent. Profitez du moment présent.
En apprenant à apprécier le moment présent, nous réalisons qu'il est vain de se créer des récits qui nous font du mal.

Il faut comprendre que nos pensées sont incessantes et que nous avons tendance à fixer des attentes irréalistes, en nous disant : « Tout se passera bien quand j'aurai ceci, ou lorsque cela arrivera, ou quand ma situation de logement sera stable... ». En définitive, nous remettons constamment notre bien-être à plus tard.

Ne pas agir à dose raisonnable, c'est également admettre que cela profite déjà à notre bien-être mental !

Nous avons le droit de prendre des congés ou un instant de repos, même si nous n'avons pas achevé ce que nous avions prévu de réaliser. C'est un moyen de reconquérir le contrôle sur nos pensées.

Quand nous sommes submergés de tâches à accomplir,

l'anxiété nous envahit, car c'est un débordement. Apprenons donc à nous donner du plaisir sans chercher uniquement à plaire aux autres.

EN BREF...

Ce texte explore les mécanismes de l'anxiété liée à l'anticipation et propose des stratégies pour retrouver la sérénité.

- L'anxiété nous pousse à anticiper des problèmes futurs, nous empêchant de vivre pleinement le moment présent. **C'est un piège mental.**
- En nous **concentrant sur l'instant présent**, nous diminuons l'emprise de nos pensées anxieuses.
- Des exercices simples comme la **méditation ou la pleine conscience** peuvent nous aider à nous ancrer dans le présent.
- En **prenant du recul**, nous pouvons nous rendre compte que nos craintes sont souvent exagérées.
- **Accepter** que l'avenir est incertain nous libère de l'emprise de l'anxiété.

Les bénéfices de cette approche sont multiples :

- Réduction du stress et de l'anxiété
- Amélioration de la qualité de vie
- Augmentation de la concentration et de la productivité
- Développement d'une plus grande sérénité

Encourageons-nous à cultiver la présence à soi pour mieux gérer l'anxiété. En nous concentrant sur l'instant présent et en relativisant nos préoccupations, nous pouvons retrouver un sentiment de paix intérieure et vivre plus pleinement.

LIBEREZ-VOUS DE L'EGO, VIVEZ L'ESSENTIEL

Le sujet de l'ego (oui, encore lui, notre cher Donuts) est complexe. Il existe des individus qui souhaiteraient s'en libérer, mais ce n'est pas nécessairement la réponse, car il peut également nous apporter un soutien dans les situations favorables.

Il est conseillé de dompter notre ego en le comprenant, car, bien qu'il occupe parfois trop d'espace, il recèle de nombreuses qualités.

L'ego peut se transformer rapidement, il possède une grande intelligence mais reste limité, car il a l'habitude de répéter continuellement les mêmes modèles. Il peut se présenter de diverses manières.

On peut commencer par établir une liste des manifestations de notre ego lorsqu'il s'empare de nous, comment nous le nourrissons et comment nous nous mesurons aux autres. Ainsi, nous comprenons vite que, lorsqu'on est sous son emprise, on ne se reconnaît plus vraiment en soi.

Notre véritable objectif est de créer des connexions authentiques d'amour avec autrui. C'est à ce moment-là que nous ressentons vraiment du bien-être, quand nous acceptons les particularités des autres.

Inversement, quand nous essayons de nous comparer ou de nous fâcher pour des motifs que nous considérons justes, nous ressentons un malaise intérieur.

Par exemple :

✔ L'ego nous pousse souvent à nous mesurer aux autres, en recourant à des comparaisons extrêmes comme « je suis nettement meilleur que lui » ou, au contraire, « je suis largement inférieur à l'autre ». L'ego est incapable de nous percevoir sur un plan d'égalité. Chaque fois que nous nous percevons comme supérieurs ou inférieurs, c'est un indice que nous réagissons sous l'emprise de notre ego.

✔ L'ego a tendance à recourir à des superlatifs tels que : « **c'est constamment moi, c'est toujours moi qui subis** », « **tu agis toujours ainsi** », « **je ne bénéficie jamais de rien** ». Dès que nous reconnaissons ces pensées, en les éclairant simplement, nous sommes en mesure de commencer à nous en libérer progressivement.

✔ L'ego cherche aussi à être reconnu. Quand il ne la reçoit pas, il se sent déprimé et négligé. Il adore recevoir des flatteries et des louanges, n'hésitant pas à saisir chaque opportunité pour capter cette attention.

✔ L'ego peine à prêter attention et se concentre souvent sur lui-même : « moi, je fais ceci », « moi, je sais ». Lorsqu'il est en présence d'une personne qui évoque ses propres actes, il peut se sentir accablé et éprouver le besoin de « recentrer la discussion sur lui-même ».

✔ L'ego a fréquemment tendance à se protéger en fournissant des justifications, en détaillant la raison de ses réactions d'une manière ou d'une autre. Il peut se mettre sur la défensive. Lorsque nous tentons d'identifier un responsable pour ce qui vient de se produire, nous réalisons que l'orgueil n'est pas très éloigné.

✔ L'ego n'est pas non plus enraciné dans le moment présent. Il affirme que le passé était meilleur, que l'avenir sera compliqué, et ainsi de suite. Il éprouve des remords pour le passé et de l'inquiétude pour l'avenir. L'ego n'existe jamais dans l'instant présent.

✔ L'ego est également impliqué dans la dualité du bien et du mal. Il porte sans cesse des jugements, comme lorsqu'il déclare : « untel a fait ceci ou cela, et c'est mal ». Il demeure toujours dans ce jugement. Cependant, quand nous sommes en accord avec nous-mêmes, dans l'amour et en harmonie avec autrui, nous n'avons pas cette tendance à porter des jugements. Nous observons et tentons d'apporter notre aide, sans porter de jugement sur les actions ou les paroles de l'autre.

✔ L'ego a parfois l'illusion qu'il est la source du bonheur des autres, comme s'il était à l'origine de leur joie. Ce n'est pas ainsi que les choses se passent. Quand nous sommes en harmonie, nous avons la capacité de diffuser notre éclat, et ceux qui nous entourent peuvent puiser de la nourriture en cela. Toutefois, ce n'est pas de notre fait, c'est qu'ils ont pris l'initiative de puiser dans cette lumière.

Comprendre son ego, c'est se connaître, apprenons-lui !

Il est important de privilégier une démarche constructive plutôt que de s'opposer à l'ego.

Pour réduire son impact, il est essentiel de débuter par l'observation de l'ego, de le comprendre, puis de réaliser ce qu'il nous incite à faire.

En identifiant les intentions de l'ego, même quand elles ne

sont pas systématiquement profitables, nous lui témoignons une forme de compassion. Malgré ses efforts fréquents pour nous protéger ou nous défendre, ses approches peuvent parfois donner lieu à des conflits internes, à des comparaisons ou à des inquiétudes superflues.

En l'acceptant, nous pouvons analyser ses processus de manière détachée, comme si nous l'observions agir avec un certain éloignement.

Cela nous offre l'opportunité de décider de nos actions et réactions en harmonie avec nos valeurs fondamentales et notre intuition, plutôt que d'agir instinctivement sous son influence.

C'est un peu comme agir en tant que témoin bienveillant de soi-même, ce qui offre la possibilité de se défaire du piège de l'autocritique ou de la rivalité interne.

Observer ces deux parties en nous qui sont en conflits.

L'ego est toujours en quête de validation, de protection et d'affirmation, souvent par peur de la vulnérabilité.

Par contre, l'amour, cette dimension plus intime et bienfaisante en nous, ne nécessite ni comparaison, ni justification, ni défense.

Elle se limite à l'existence et à une connexion authentique avec autrui.

En identifiant les pièges de l'ego et en leur offrant simplement notre attention, nous entamons la réduction de leur emprise.

L'ego s'assouplit, n'étant plus contraint de « prouver » ou de « gagner ».

Ce retour vers l'amour, cette force apaisante et sans condition, nous offre l'opportunité de couper avec le conflit interne, d'échapper au cercle des comparaisons, des critiques et des efforts constants pour maintenir une apparence.

Reconnaître que l'on agit à partir de l'ego est déjà un atout précieux.

Cette prise de conscience facilite la transition d'une « porte » à l'autre : du soi à l'amour. Effectivement, nous sommes généralement attirés vers cette voie de l'amour, de l'acceptation et de la simplicité qui nous permet de renouer avec notre essence, loin des conflits superficiels.

Observer à quel point l'ego s'identifie à nos pensées

L'ego tend à se lier fortement à nos idées, les considérant fréquemment comme des vérités incontestables. Il construit son identité sur la base de ces réflexions, qu'elles portent sur le jugement, la comparaison, la peur ou l'auto-validation.

Cette liaison crée l'illusion que nous « sommes » nos pensées, renforçant ainsi les cycles de l'anxiété, des doutes ou de la recherche constante de validation.

Lorsque l'on prend du recul pour observer ces pensées sans s'y identifier, on réalise que l'ego ne représente pas « nous ». Nos pensées ne sont que des éléments éphémères, fréquemment influencés par des craintes ou des convictions restrictives.

Observer l'ego dans sa fixation sur les pensées permet en réalité de se libérer peu à peu de son contrôle. Cette prise de conscience nous donne la possibilité de sélectionner les pensées qui exigent notre concentration et celles qui peuvent être simplement observées pour ensuite les laisser s'évanouir.

Arrêter de s'identifier aux choses

Au-delà de nos réflexions, on note une identification aux objets, aux étiquettes ou aux rôles. Nous nous reconnaissons dans nos voitures, nos maisons, notre statut social, et l'ego se forme à travers tous ces éléments.

Quand nous faisons connaissance avec des personnes, il est courant de commencer par dire : « Je suis donc actif dans tel secteur, je suis marié, j'ai un certain nombre d'enfants », comme si notre vie se limitait à ces éléments.

En se basant sur ces facteurs externes — notre profession, notre position, notre contexte —, l'ego construit une identité qui peut s'avérer limitative et restrictif.

Ces descriptions, malgré leur familiarité et leur valorisation sociale, ne constituent qu'une parcelle de notre véritable nature.

Faire sa présentation sans aborder ces points peut être une expérience instructive. Cela nous incite à examiner des aspects plus profonds de notre identité, en soulignant des attributs et des principes qui ne sont pas liés aux titres ou aux biens matériels. Nous sommes des entités multidimensionnelles, constituées d'expériences, d'ambitions, de sensations et de liens qui dépassent largement la capacité de perception de notre ego.

Cette méthode pave la route vers une forme de libération intérieure, où l'on se dégage des étiquettes pour retrouver notre véritable essence. S'exercer à se présenter de cette manière est un parcours de connaissance de soi qui peut dévoiler une richesse intérieure insoupçonnée.

L'ego se base sur des classifications et des références sociales pour trouver du réconfort et établir une identité jugée « normale » et acceptable par autrui.

L'ego, s'appuyant sur des symboles de réussite, de statut ou de conformité, cherche à confirmer sa propre valeur. Toutefois, cette recherche de validation extérieure a tendance à nous confiner au lieu de nous émanciper, produisant des attentes inflexibles et des critiques qui nous détournent de notre véritable nature.

En nous détachant de ces marqueurs - le statut social, le genre, les biens matériels - nous accédons à une forme d'existence plus authentique et libérée, nous caractérisant par nos attributs, nos principes et notre humanité partagée. Cela nous rappelle que notre valeur ne se base pas sur des catégories établies, mais sur des aspects profonds et insaisissables de notre existence.

Le fait d'être une femme ou un homme, par exemple, ne devrait pas conditionner notre aptitude à éprouver, à agir ou à apporter une contribution particulière.

Célébrer

Identifier lorsque l'ego essaie de dominer est une étape essentielle vers une mentalité plus paisible, en accord avec nos valeurs fondamentales.

En appréciant cette conscience, même si elle est ponctuée de moments de comparaison, de compétition, nous cultivons une tendance à faire preuve de bienveillance envers nous-mêmes.

On pourrait y voir une sorte d'exercice de méditation : chaque fois que nous prenons le temps de reconnaître nos pensées, nous avons l'opportunité de retrouver notre essence véritable, ce qui se niche au plus profond de notre cœur. Cet exercice de mindfulness (pleine conscience) établit un écart entre nous et nos pensées, nous donnant ainsi la chance de réagir de façon plus bienveillante et constructive.

Essentiellement, il s'agit d'adopter le chemin de l'amour et de la compassion, tant pour nous-mêmes que pour les autres. Cela signifie qu'il faut admettre que l'ego fait partie intégrante de notre expérience humaine, sans toutefois qu'il ne nous caractérise totalement. Ce processus est un cheminement en constante évolution, où chaque instant de clarté représente une victoire significative.

Aimez-vous tel que vous êtes.

Il n'est pas problématique que votre ego prenne temporairement les rênes de votre vie. Apprenez à gérer cela, et une fois que vous aurez pris l'habitude de l'observer, vous serez capable d'opter pour un autre chemin.

Quand nous remarquons que notre réponse n'est pas en ligne avec ce que nous désirons être, cela signale indubitablement que nous sommes influencés par l'ego.

Quand nous faisons grandir notre amour pour nous-mêmes, notre cœur s'ouvre et nous cultivons l'envie de voir l'autre se réaliser pleinement. Nous souhaitons le soutenir, donner le meilleur de nous-mêmes et prêter une oreille attentive à ce qu'il a à partager. La crainte de manquer d'importance s'estompe, laissant émerger une connexion plus authentique.

Quand nous habitons notre cœur, nous ne ressentons plus le besoin de quête de l'amour, car cet amour est déjà présent en nous et cela modifie radicalement notre façon d'exister.

EN BREF...

L'ego, bien qu'il soit une partie intégrante de nous, peut parfois nous limiter et nous éloigner de notre véritable nature. En le comprenant et en l'acceptant, nous pouvons le transformer en un allié plutôt qu'en un ennemi. En cultivant la conscience de soi et en pratiquant la bienveillance, nous nous libérons progressivement de l'emprise de l'ego et ouvrons la voie à une vie plus authentique et plus épanouie. C'est un cheminement personnel qui demande de la patience et de la persévérance, mais les récompenses en valent largement la peine.

LÂCHER-PRISE, C'EST ACCUEILLIR PLEINEMENT CE QUI EST

Nombreux sont ceux qui voient le lâcher-prise comme un abandon, une résignation ou même un désengagement.

Au contraire, c'est un geste d'audace et de transparence face à l'incertitude.

Le lâcher-prise implique de reconnaître notre besoin de contrôle et les craintes qui en découlent. Ce contrôle, au lieu de nous apporter la tranquillité d'esprit, nous limite en nous conférant une vision rigide de la réalité.

En cherchant à contrôler chaque aspect de notre vie, nous perdons en souplesse et en liberté, tandis que notre résistance génère encore plus de tension.

Le lâcher-prise consiste à reconnaître nos peurs sans leur permettre de guider nos actions et à accepter ce qui est sans opposer de résistance. Cela nous conduit finalement vers une plus grande liberté d'exister et d'agir, en harmonie avec le moment présent.

En mettant de la conscience sur : *« Je veux que ce soit exactement comme cela ! »*

En tentant de maîtriser chaque aspect, nous finissons par nous fatiguer et négligeons la joie et la liberté qui découlent de l'harmonie avec le cours naturel de notre existence. Cette nécessité de contrôle provient fréquemment d'un sentiment d'insécurité et du souhait de dominer chaque circonstance, cependant elle se transforme finalement en obstacle à l'assurance personnelle et à la joie de vivre.

Prendre du recul et cultiver la pleine conscience, nous offre la possibilité de nous ouvrir à un sentiment de liberté et d'alignement intérieur.

Au fil du temps, la pratique du lâcher-prise renforce notre confiance et nous révèle que la vie possède une intelligence qui dépasse souvent ce que nous avions imaginé.

Cela ne veut pas dire abandonner l'organisation ou la prévoyance, mais plutôt reconnaître qu'il y aura toujours un élément imprévisible, malgré toutes nos tentatives.

En embrassant cette vérité, nous cultivons une humilité saine face aux événements, et cette acceptation nous accorde la liberté. Nous cessons de combattre le cours naturel des événements et, dans cette libération, nous découvrons une véritable fierté et une estime de soi basée sur une profonde paix intérieure.

Le lâcher-prise est le contraire du contrôle.

Reconnaître que nous ne contrôlons pas tout, c'est accueillir notre humanité et recevoir la sagesse de l'incertitude. Cela nous décharge du poids superflu d'une illusion de contrôle infaillible et nous stimule à faire confiance à la vie dans son état présent, avec ses surprises et ses énigmes. En renonçant à cette quête de contrôle intégral, nous trouvons plus de clarté, plus de sérénité intérieure et plus d'authenticité.

Cette prise de conscience se transforme en une force réelle : elle nous apprend à évoluer avec plus d'agilité, à accepter les événements sans opposer de résistance inutile et à focaliser notre énergie sur ce que nous sommes véritablement capables de modifier en nous-mêmes et dans notre environnement.

Le discernement

- ✓ En quoi je peux agir sur une situation ?
- ✓ En quoi je ne peux pas agir sur cette situation ?

La capacité de discernement nous permet de distinguer entre ce qui est réalisable pour nous et ce qui ne l'est pas, ce qui nous aide à minimiser l'énergie gaspillée sur des éléments que nous ne sommes pas en mesure de changer. En concentrant nos efforts sur ce que nous pouvons contrôler, nous reprenons la maîtrise de notre vécu et devenons les instigateurs de notre bien-être.

C'est un choix délibéré d'accepter l'inconfort et de lâcher prise face à ce qui échappe à notre contrôle. Bien que cela puisse provoquer une tension au départ, la paix qui suit allège nos pensées et libère notre énergie pour des actions plus constructives.

Au final, ce processus de discernement nous ancre dans l'instant présent, nous permet de préserver notre équilibre et d'accueillir les aléas de la vie sans y opposer de résistance.

Explorer le pire des scénarios possibles.

Notre esprit a fréquemment tendance à exagérer l'importance de certaines situations, nous enfermant ainsi dans une vision limitée du problème. En concentrant toute notre attention sur un sujet, nous perdons de vue la perspective d'ensemble, ce qui peut rendre des situations banales bien plus stressantes qu'elles ne le sont en réalité.

Prendre un moment pour relativiser, en nous rappelant que ce n'est pas une question de vie ou de mort, peut immédiatement dédramatiser la situation et apaiser nos émotions.

Cela ne veut pas dire ignorer ou minimiser ce qui nous arrive, mais plutôt adopter une vision plus large et détachée. Relativiser nous aide à nous concentrer sur ce qui est véritablement important et à alléger la charge émotionnelle que nous ajoutons parfois de façon superflue. C'est une clé précieuse pour vivre avec plus de légèreté et de sérénité.

- ✓ Qu'est-ce que je peux mettre en place pour harmoniser la situation où je n'ai pas le contrôle avec mon envie de faire ce qui était prévu ?
- ✓ Comment pourrais-je répondre à ce scénario qui est catastrophique pour moi ?

Prendre du recul pour relativiser.

Souvent, la situation occupe tout l'espace dans notre esprit et dans notre vie.

- ✓ Est-ce que cette situation aura encore de l'importance dans 1 an ? Dans 5 ans ? Dans 10 ans ?

En distinguant les circonstances essentielles de celles qui sont passagères, nous sauvegardons notre équilibre et notre tranquillité.

Lorsqu'un obstacle ou une circonstance exerce une influence significative et persistante sur notre trajectoire, il est naturel et judicieux de lui consacrer de l'attention, de l'effort et de la persévérance. C'est à travers ces moments que notre croissance est alimentée et notre résilience renforcée.

Cependant, face à des tracas mineurs ou des circonstances dont l'importance s'estompera au bout d'un an, voire quelques mois, il est souvent plus sage de laisser tomber. Se poser la question : « Est-ce que cela aura de l'importance dans un an ? » nous permet de prendre du recul, d'atténuer l'épuisement émotionnel et d'accepter ce qui est sans ressentir le besoin de tout régler sur-le-champ. Cette démarche nous libère de la gêne superflue, nous aide à vivre plus intensément et à rester en phase avec le déroulement naturel des choses.

Revenir au moment présent

L'art de vivre intensément l'instant présent est une démarche émancipatrice qui favorise la sérénité mentale et élimine les inquiétudes. Effectivement, nos réflexions, souvent focalisées sur les remords du passé ou les prévisions de l'avenir, sont la source de multiples ennuis et de notre anxiété. Le passé ne peut être modifié et l'avenir reste imprévisible, alors que le seul moment où nous avons un véritable contrôle est le présent.

Se concentrer sur ses ressentis, son souffle et son physique est une méthode pour atteindre l'état de pleine conscience. C'est une approche concrète pour se détacher du mental et se reconnecter à l'« ici et maintenant ».

Quand nous agissons ainsi, le brouhaha des « et si » se dissipe, faisant place à la clarté de l'instant présent. Cette reconnexion au corps et aux ressentis nous rend plus conscients, plus enracinés, et nous offre la possibilité d'aborder chaque instant avec lucidité et quiétude. C'est un atout précieux pour mener une vie plus sereine et profonde.

Faire confiance à la vie.

Ici, je désire explorer la quintessence de la confiance en la vie et de la résilience. Nous avons tendance à percevoir les défis comme des injustices ou des manifestations de malchance, cependant ils peuvent fréquemment être perçus comme des jalons nous menant vers une voie plus alignée avec notre cheminement authentique.

Cette vision requiert un important acte de foi, car la confiance en la vie n'est pas nécessairement instantanée : nous manquons de garanties tangibles que tout finira bien, et pourtant, lorsqu'on se retourne, on constate fréquemment que les défis nous ont renforcés et davantage éveillés.

Les périodes difficiles — qu'il s'agisse d'un licenciement, d'une séparation ou d'un autre choc — sont pénibles sur l'instant, mais elles contiennent souvent les graines d'un nouveau départ. La vie nous oblige parfois à quitter notre zone de confort pour pouvoir progresser, se développer et explorer de nouvelles possibilités plus en phase avec notre véritable nature.

<u>Accepter de dire :</u> « **Ce n'est plus de mon ressort, je fais confiance à la vie** » est une manière de relâcher notre résistance et de nous ouvrir aux possibilités qui se manifestent, même si elles demeurent encore invisibles.

En adoptant cette approche, nous transformons les défis en opportunités de développement et nous dégageons du besoin de tout saisir ou maîtriser. Cela favorise notre avancement avec une plus grande tranquillité d'esprit et assurance face à la vie, même dans l'incertitude.

Renforcer le lâcher-prise.

Notre tendance défensive innée peut nous piéger dans un cycle de résistance au changement. Tout comme les animaux, nous réagissons instinctivement face à l'inconnu avec des émotions telles que la peur, le retrait ou l'agressivité. Bien qu'il s'agisse d'aspects intrinsèques à notre humanité, cela ne doit pas entraver notre avancement. La confiance personnelle et le courage ne sont pas des attributs innés, mais des aptitudes à développer.

Tout comme un muscle, ces compétences demandent de l'exercice, de la constance et de la ténacité. Chaque tentative de quitter notre zone de confort renforce ces aptitudes, nous permettant de vaincre nos appréhensions et de nous ajuster aux transformations.

Reconnaître nos réponses instinctives et choisir intentionnellement d'agir autrement demande un dévouement et une vigilance continue. C'est un exercice qui nécessite un équilibre entre l'observation et l'action, ce qui peut parfois être exigeant.

Toutefois, au fil de notre pratique, le fait de lâcher prise devient de plus en plus instinctif.

Cette prise de conscience permanente nous permet non seulement de surmonter les épreuves de la vie avec plus d'aisance, mais aussi de vivre avec une plus grande authenticité et tranquillité. Le processus de lâcher-prise est un parcours continu, et chaque phase revêt son importance.

C'est une démarche audacieuse et épanouissante qui nous aide à surmonter nos contraintes et à embrasser la vie avec assurance.

Avoir de la gratitude face à ce que nous avons.

Exprimer de la gratitude pour ce que nous avons présentement, au lieu de se concentrer sur les difficultés ou ce qui nous contrarie, revient à sans cesse se tourner vers ce que nous détenons déjà : le bonheur.
Manifester de la reconnaissance pour ce que nous possédons actuellement est une pratique efficace qui nous maintient ancrés dans l'instant présent.

Cette gratitude nous permet de changer notre point de vue, en évoluant d'une mentalité axée sur la carence ou la comparaison vers une valorisation des ressources et des expériences qui nourrissent notre existence. En pratiquant la gratitude, nous améliorons notre bien-être émotionnel et notre capacité à rebondir face aux difficultés.

Consacrer un moment chaque jour pour méditer sur nos raisons de gratitude, même en période éprouvante, peut changer notre vision de l'existence. Cela souligne que, malgré les difficultés, il existe toujours des éléments précieux à valoriser, ce qui pave la voie vers une vie plus heureuse et épanouissante.

Nous avons souvent tendance à nous concentrer sur ce qui ne va pas, en négligeant tout ce qui va bien dans notre vie. Il est si simple de se laisser submerger par les soucis et les contrariétés, négligeant parfois les éléments positifs qui méritent notre gratitude.

En reconnaissant les bénédictions, petites et grandes, qui nous entourent — un abri, notre bien-être, nos perceptions, nos liens avec autrui — nous avons la possibilité de cultiver une mentalité plus stable et apaisée.

La pratique du lâcher-prise requiert du courage et de l'humilité. Il nécessite que nous confrontions notre désir de contrôle et nos mécanismes de protection qui, bien qu'innés, peuvent entraver notre pleine existence.

En optant pour le lâcher-prise, nous accueillons l'incertitude et nous nous permettons d'explorer l'éventualité que la vie prenne des tournures différentes de celles que nous avions envisagées ou désirées.

C'est une voie qui exige une vigilance quasi constante, étant donné que nos réflexes ont généralement tendance à nous renvoyer promptement à la rigidité et à la comparaison.

En cultivant cette confiance — en nous et en la vie — nous commençons à voir le lâcher-prise non pas comme une faiblesse, mais plutôt comme une véritable force.

C'est un appel à embrasser la légèreté, à accepter l'inattendu et à profiter intensément de l'instant présent, en croyant fermement que la vie offre une multitude de ressources et d'opportunités.

EN BREF...

Le lâcher-prise, bien plus qu'une simple résignation, est un acte de courage et de confiance en soi. En nous libérant de l'emprise de nos peurs et de notre besoin de contrôle, nous ouvrons la porte à une vie plus sereine et épanouie.

En cultivant la pleine conscience et en acceptant l'imperfection, nous apprenons à nous adapter aux changements et à naviguer dans les incertitudes de la vie avec plus de fluidité. Le lâcher-prise nous invite à vivre l'instant présent, à apprécier les petites joies du quotidien et à cultiver la gratitude.

Pour mettre en pratique le lâcher-prise, vous pouvez :

- **Pratiquer la méditation** pour vous ancrer dans le présent.
- **Tenir un journal de gratitude** pour reconnaître les aspects positifs de votre vie.
- **Identifier vos peurs** et les affronter progressivement.
- **Accepter l'incertitude** comme une partie intégrante de la vie.
- **Célébrer vos petites victoires**.

En choisissant de lâcher prise, vous investissez dans votre bien-être et votre bonheur. C'est un voyage qui demande de la patience et de la persévérance, mais les récompenses en valent largement la peine.

Cette vision proposée est plus active et engageante vers le lâcher-prise, en mettant l'accent sur les bénéfices qu'il apporte et en offrant des pistes concrètes pour le mettre en pratique.

LE PARDON

On a fréquemment l'habitude de lier le pardon à l'oubli. Le pardon n'est pas un acte simple ou automatique, il peut être un processus long et compliqué. La colère, la souffrance et les blessures que nous avons tendent fréquemment à rendre ce processus particulièrement ardu.

Il est essentiel de saisir que le pardon ne veut pas dire effacer ce qui s'est produit ni minimiser l'intensité de la souffrance que nous avons ressentie. Le pardon est davantage une question de décharger notre cœur et notre esprit des poids que nous portons. En optant pour le pardon, nous faisons le choix de ne pas laisser ces blessures déterminer notre présent ou orienter notre futur. C'est une manière de poursuivre avec légèreté, en dépit des cicatrices.

L'idée que le pardon serait une manifestation de faiblesse est courante, pourtant elle est fausse. En fait, le pardon nécessite une force intérieure considérable et un courage immense. C'est un geste d'amour envers soi-même qui nous aide à nous libérer des ressentiments et à retrouver la sérénité.

Il est essentiel de consacrer du temps à traverser ce processus, à sonder nos émotions et à prendre conscience de l'ampleur de notre douleur.

Le pardon est un parcours personnel et distinct pour chaque individu, et chaque avancée vers celui-ci nous rapproche d'une sérénité accrue et d'une existence plus comblée.

Abandonner le besoin d'avoir raison

La question essentielle est de déterminer si le fait de pardonner nous est favorable ou pas.

- ✓ **Quel intérêt nous aurions à continuer à vivre sans pardonner ?**

On ne doit pas évaluer si le pardon est bon ou mauvais, mais plutôt définir si son impact sur nous est plus négatif que positif. On ne parle pas ici de « il faut » ou de « je dois » dans cette approche.

- ✓ **Est-ce que c'est juste pour moi et quand est-ce que je veux le faire ?**

Il est primordial de prendre le temps d'évaluer si le pardon est trop ardu, particulièrement quand l'autre a dépassé des limites qui semblent infranchissables.

- ✓ **Qu'est-ce qui se passerait si nous pardonnions ?**
- ✓ **Quelle est la raison du refus du pardon ?**

Il est bénéfique d'inciter à une introspection sur les motifs qui entravent notre capacité à pardonner.

Prenez le temps d'écrire pour mettre au clair vos idées et sentiments sans hésitation. Noter ce qui vous freine dans le pardon peut révéler des convictions profondes.

Pour nous y aider, voici quelques exemples de questions à se poser :

- ✓ **Qu'est-ce qui m'empêche de dépasser cela ?**
- ✓ **Quelles émotions ressens-je lorsque je pense à pardonner ?**
- ✓ **Quelles sont mes croyances sur le pardon ?**
- ✓ **Sont-elles basées sur des expériences passées ou des récits que j'ai entendus ?**
- ✓ **Quels avantages pense-je avoir en ne pardonnant pas ?**

- ✓ Quels sont les impacts de ma décision de ne pas pardonner sur ma vie ?
- ✓ **Suis-je coincé dans un cycle de ressentiment ?**
- ✓ **Est-ce que cela affecte mes relations actuelles ?**

Les croyances restrictives apparaissent fréquemment sous la forme de généralisations ou d'appréciations hâtives à notre sujet ou à celui des autres. Par exemple, considérer que pardonner signifie excuser le comportement de l'autre ou démontrer une certaine vulnérabilité.

Visualiser un futur où l'on aurait décidé de pardonner peut aider à saisir les avantages possibles : une tranquillité d'esprit, des liens renforcés et une plus grande sérénité intérieure.

Reconnaître que la crainte de la vulnérabilité peut être un obstacle. En examinant les risques réels associés au pardon, on peut réduire cette peur.

Accorder son pardon ne veut pas dire effacer la mémoire ou montrer de la vulnérabilité. En cherchant à comprendre la vraie signification du pardon, on peut l'interpréter comme un acte de puissance et de bravoure.

Il y a toujours un coût à payer avec nos croyances limitantes.

Il est parfois courant de concentrer tous nos efforts sur une situation problématique, nous enfermant ainsi dans un cycle perpétuel de douleur et de ressassement.

Se concentrer sur la douleur d'une rupture peut nourrir un cycle négatif. En ramenant continuellement à l'esprit les événements, nous ravivons nos blessures, ce qui risque d'aggraver notre douleur.

En mettant toute notre énergie à discuter et à remémorer une situation pénible, nous lui conférons une influence sur notre existence. Cette fixation pourrait nous entraver dans la perception d'autres aspects de notre vie ou dans nos actions vers le progrès.

Il est naturel et justifié de ressentir de la colère et de la peine suite à une séparation. Toutefois, il est crucial de saisir que se concentrer sur ces sentiments peut entraver le parcours de guérison.

Manifester notre souffrance peut être une méthode pour recevoir de l'aide. Cependant, si cela devient une répétition sans objectif de progresser, cela pourrait s'avérer contre-productif.

Plutôt que de se concentrer sur le problème, il est bénéfique de privilégier des occupations qui procurent de la joie ou de la tranquillité, ce qui aide à rediriger notre énergie. Cela peut comprendre des loisirs, des instants passés avec des amis ou encore des exercices de pleine conscience.

Mettre l'accent sur ce pour quoi nous avons de la gratitude dans notre existence actuelle peut alléger le fardeau de la situation. Accepter ce qui s'est produit, bien que cela soit ardu, peut aussi faciliter le processus de guérison.

Il est primordial de faire preuve de compassion pour soi-même durant les périodes de souffrance. Reconnaître que nous avons le droit de ressentir nos émotions, sans jugement, peut réduire la tension liée à l'exigence d'« aller mieux » immédiatement.

Identifier des enseignements ou des opportunités d'évolution dans des moments difficiles peut changer notre façon de les appréhender. Cela ne soulage pas la souffrance, mais offre une compréhension de celle-ci.

S'établir un cadre temporel pour discuter ou réfléchir à une situation pénible peut contribuer à réduire l'intensité consacrée à la rumination. Par exemple, consacrer un créneau spécifique de la journée pour gérer ces émotions, puis passer à autre chose.

Il arrive parfois qu'un professionnel, tel un thérapeute, puisse nous guider dans l'examen de ces émotions sans danger de s'égarer dans le retour en arrière, en nous délivrant des instruments pour avancer.

Il est essentiel, en définitive, de parvenir à un équilibre entre la valorisation de nos émotions et l'impératif de progresser. Comprendre quand notre énergie est excessivement drainée par le passé pourrait nous donner l'opportunité de créer de la place pour la guérison et le renouveau.

Il serait préférable de réfléchir à « comment aller au-delà du pardon » plutôt que de se poser la question « pourquoi cela nous arrive ».

Mettre l'accent sur des interrogations constructives et orientées vers l'action peut véritablement changer notre expérience. Au lieu de s'enliser dans le piège du « pourquoi », qui ne fournit généralement pas de réponse satisfaisante, il est plus constructif de se focaliser sur des interrogations telles que « comment » pour orienter nos efforts vers la découverte de solutions.

Se demander « Ai-je vraiment envie de débourser ce montant encore ? » nous permet de réaliser que nous avons une option à considérer. Cela nous aide à nous défaire du sentiment de victimisation et à regagner la maîtrise de notre existence.

En choisissant de se défaire du poids émotionnel, on entreprend la première étape vers le pardon et l'acceptation. Il ne s'agit pas de réduire la souffrance, mais de décider de ne pas la laisser nous définir.

La question « Comment vais-je faire ? » nous incite à réfléchir à des mesures pratiques et réalisables. Cela peut nécessiter des démarches modestes mais importantes qui nous rapprochent de l'acceptation et de la guérison.

Focaliser notre attention sur des thèmes qui nous motivent ou nous procurent de la joie peut réduire l'effet des expériences défavorables. Cela nous rappelle qu'il reste encore des éléments positifs dans notre existence.

En mettant l'accent sur le « comment », nous renforçons notre aptitude à rebondir. Cela consolide notre résilience et nous met en condition pour faire face à d'autres épreuves futures.

Les questions ouvertes encouragent une pensée proactive plutôt que réactive. Elles nous donnent la possibilité d'organiser notre réaction plutôt que de réagir de manière impulsive à la souffrance.

Il est crucial de reconnaître nos émotions tout en se posant ces questions. La première étape vers l'acceptation consiste à reconnaître que nos sentiments sont légitimes.

Porter attention à sa propre progression inclut aussi le fait de se préoccuper de son bien-être personnel. Cela pourrait impliquer des activités relaxantes, des instants de contemplation ou même le soutien d'un professionnel si nécessaire.

Élaborer une stratégie détaillée comprenant des phases

distinctes peut rendre la procédure plus tangible. Consigner ce plan par écrit peut également renforcer notre engagement à notre bien-être.

En privilégiant cette stratégie axée sur la décision et l'action, nous nous offrons l'opportunité de convertir la souffrance en une occasion d'expansion et de progression. C'est un pas vers le contrôle de notre existence et la recherche d'un équilibre affectif.

L'ego

Chaque fois que l'ego est touché, il balaie tout, y compris la personne qui nous a fait du mal. L'ego se fonde sur la critique de l'autre, du sujet ou de la situation ; selon lui, la responsabilité n'est jamais la nôtre.
En se demandant « Comment ai-je évolué ? », nous avons la chance d'examiner les enseignements tirés de nos épreuves. Cela peut révéler des points de vue précieux sur nous-même et notre développement.

Les difficultés relationnelles nous poussent fréquemment à sortir de notre zone de confort et à reconsidérer nos agissements et nos convictions. C'est cette interrogation qui alimente notre développement individuel.

Reconnaître notre part de culpabilité dans une situation nous permet de nous libérer du besoin de reprocher à autrui. Cela favorise un dialogue interne plus productif et installe un sentiment de contrôle sur notre existence.

Le maintien d'une relation ou d'une situation familière peut consolider nos routines et nos comportements automatiques. Les défis nous incitent fréquemment à rompre ces modèles et à explorer de nouvelles manières de réfléchir et d'agir.

Ceux qui nous ont infligé de la douleur peuvent se transformer en instructeurs dans notre cheminement. Bien que leurs actes soient douloureux, ils peuvent nous donner des enseignements importants sur la résilience, la compassion et l'empathie.

Comme l'a noté Christophe André, le pardon est une manifestation d'amour pour soi-même. C'est reconnaître que nous avons droit à la sérénité intérieure, indépendamment des actes d'autrui.

Le concept que « nous sommes un » renforce l'idée que les expériences individuelles sont liées entre elles. Chaque interaction, même les plus ardues, contribue à notre évolution collective.

Apprendre à accueillir ce qui est, sans porter de jugement ni opposer de résistance, nous permet de nous ancrer dans l'instant présent. Cela nous donne l'opportunité d'accepter nos émotions et d'apprendre de nos expériences.

Le fait de prendre le temps d'analyser ce que nous avons retenu nous permet de tirer des leçons des événements antérieurs. Cela favorise une approche proactive en réponse aux défis futurs.

Accorder le pardon peut être une démarche longue et compliquée, pourtant il est essentiel pour notre rétablissement. C'est une démarche vers la délivrance et l'acceptation de la réalité telle qu'elle est.

En reconnaissant les luttes et motivations individuelles, nous cultivons la compassion, tant pour autrui que pour nous-mêmes. Cela encourage des relations plus saines et authentiques.

En définitive, cette vision du pardon et du développement personnel souligne la force de nos expériences, y compris les plus difficiles. Elles peuvent se transformer en moteurs de transformation et d'expansion, à condition que nous décidions de les considérer comme des opportunités d'apprentissage et de nous en détacher. Chaque épreuve, même si elle est inconfortable, peut se transformer en levier pour une métamorphose profonde et un renouveau personnel.

« Pardonner, c'est important, non pas parce que l'autre le mérite, mais parce que nous le méritons nous-mêmes. » Christophe André

Quand nous sommes un, le pardon perd son utilité ; il est suffisant de vivre la réalité telle qu'elle est, en reconnaissant simplement ce qui s'est produit et en apprenant une leçon de cela.

EN BREF...

Le pardon n'est pas une faiblesse, mais un acte de courage qui nécessite une grande force mentale. En choisissant de pardonner, nous remettons en question nos croyances limitantes et nous nous libérons du poids du passé. Notre cerveau, par nature, cherche à nous protéger de la douleur. Il peut donc mettre en place des mécanismes de défense qui nous empêchent de pardonner, tels que la rumination ou la colère. Cependant, en comprenant ces mécanismes et en pratiquant des techniques de pleine conscience, nous pouvons apprendre à les surmonter et à cultiver un état d'esprit plus paisible.

Quelques questions supplémentaires pour stimuler la réflexion :

- **Le pardon est-il toujours possible ?** Quelles sont les limites du pardon ?
- **Comment distinguer le pardon de l'oubli ?**
- **Quel rôle joue le temps dans le processus de pardon ?**
- **Comment concilier le pardon avec la justice ?**

En conclusion, le pardon est un processus complexe et personnel qui demande du temps, de la patience et de la bienveillance envers soi-même. En explorant les différents aspects du pardon, nous pouvons mieux comprendre les bénéfices qu'il apporte et développer les outils nécessaires pour le mettre en pratique dans notre vie.

LIBRE DU REGARD DES AUTRES

L'observation des autres agit parfois comme un miroir, mettant en évidence notre quête de validation, ce qui a souvent un impact sur notre authenticité. Cela peut entraver notre aptitude à être authentiques, surtout quand il est question de révéler nos points faibles.

L'observation des autres est un rappel incessant de notre nature sociale. Depuis notre venue au monde, nous sommes tributaires de notre environnement et ce désir d'affection et d'acceptation reste central dans nos interactions tout au long de notre existence. Il est fréquent que nous nous adaptions pour répondre aux attentes d'autrui, persuadés que cela fortifiera nos relations. Toutefois, en cherchant à être accepté, nous courons le risque d'oublier notre véritable identité.

Être authentique demande un équilibre subtil : admettre que le souhait d'être aimé est instinctif, tout en gardant à l'esprit que l'affection d'autrui n'est pas conditionnée par une perfection factice, mais par la véracité et l'intensité des liens. Nous avons la possibilité d'accueillir le jugement des autres sans nous laisser définir par celui-ci, en optant pour l'établissement de rapports où la vulnérabilité est considérée comme une force.

Lâcher le contrôle.

Analysons les répercussions de la conformité aux yeux des autres, au détriment de notre authenticité.

Ce processus génère une tension susceptible de nous éreinter, puisque, en cherchant à masquer nos vulnérabilités et à maintenir une représentation idéale, nous dépensons une force vitale précieuse.

En effet, l'obsession du regard des autres nous force constamment à jouer un personnage, nous confinant dans une « posture trompeuse » où nous focalisons toute notre énergie sur les attentes d'autrui, au détriment de notre bien-être personnel.

En acceptant nos fragilités et en lâchant prise, nous tendons non seulement vers une plus grande authenticité personnelle, mais également vers des relations plus sincères et humaines avec autrui.

Admettre nos faiblesses et reconnaître notre besoin potentiel d'aide crée un espace de solidarité. Cela nous émancipe de l'individualisme imposé par le jugement social, ouvrant la voie à des relations plus authentiques et profondes.

Essentiellement, exposer notre vérité, avec nos atouts et nos faiblesses, est une voie vers des liens plus profonds. En dévoilant progressivement notre véritable nature, nous favorisons l'épanouissement de relations basées sur l'honnêteté et la confiance, diminuant par conséquent l'impact du jugement des autres sur notre existence.

L'authenticité, c'est cela la vraie force.

L'authenticité est assurément un présent de valeur que l'on se donne à soi-même et qu'on offre aux autres.

En restant fidèles à nous-mêmes, en reconnaissant nos forces et nos faiblesses, nous nous affranchissons des exigences de perfection souvent attendues dans le milieu professionnel, la société et même au sein de la famille. Ces attentes nous poussent à endosser des rôles, à adopter des « déguisements » au point de perdre notre véritable identité.

Revenir à notre authenticité signifie reconnecter avec notre essence et comprendre que nous sommes aimés pour ce que nous sommes véritablement, et non pour les façades que nous présentons. En l'absence de cette authenticité, le doute s'immisce, et on ne peut jamais être certain de la sincérité de l'amour d'autrui ou s'il est conditionné.

L'expression « C'est par ces fissures que la lumière jaillit » nous enseigne que nos points faibles peuvent se transformer en passerelles vers une meilleure compréhension et des liens véritables.

Aimer une personne, c'est l'accueillir dans son authenticité, sans attendre qu'elle change pour satisfaire nos désirs.

La lucidité, c'est le premier pas vers soi.

Pour faire preuve de discernement sur notre cheminement, on doit admettre que chaque observation et chaque expérience, qu'elles soient favorables ou défavorables, participent à notre évolution et à une compréhension plus précise de ce qui est bon pour nous et pour autrui. Cette réalisation nous incite à faire preuve d'humilité, en soulignant que l'évolution est un parcours incessant et que nos expériences antérieures nous façonnent en tant qu'individus présents.

C'est aussi une manière d'admettre que le développement est un processus continu et qu'en demeurant attentifs aux leçons de la vie, nous avons la possibilité d'évoluer avec sincérité et considération pour nous-mêmes.

Concentrez-vous sur l'essentiel, libérez-vous du superflu.

Se focaliser sur ce qui est primordial, au lieu de céder à la panique, renforce notre confiance et donne une signification à nos gestes. Par exemple, quand vous occupez un poste de direction et que des interrogations sur vos capacités émergent, n'oubliez pas que ceux qui vous ont donné cette charge ont vu en vous le potentiel pour réussir.

En identifiant vos points forts et les compétences à perfectionner, vous avez la possibilité de concentrer votre énergie sur les valeurs et les actions qui ont véritablement de l'importance pour vous.

En mettant l'accent sur des priorités simples et significatives, on découvre fréquemment la confiance requise pour avancer et manifester pleinement son potentiel.

Lâcher prise sur les jugements, rester ancré dans l'essentiel.

Si vous accordez une trop grande attention aux réactions, qu'elles soient favorables ou défavorables, vous courez le risque de céder à la tentation de votre égo. Les commentaires positifs caressent l'ego et peuvent se transformer en une motivation externe pour progresser, alors que les critiques négatives, généralement considérées comme douloureuses, peuvent être ardues à accepter.

En se libérant des jugements d'autrui, on peut retrouver son authenticité et donner le meilleur de soi-même, sans être influencé par les éloges ou les critiques.

Reconnaître que chaque individu a des aptitudes distinctes et qu'il n'est pas obligatoire d'être brillant dans tous les secteurs. Le fait de savoir déléguer ou solliciter de l'assistance est une démonstration de force, pas de faiblesse.

Il est évident que notre travail peut séduire certains et déplaire à d'autres, car la variété des préférences et des perceptions est inhérente à notre nature humaine.

Demander des avis à des personnes bien disposées peut être très bénéfique. Les retours constructifs, qu'ils soient élogieux ou moins favorables, fournissent des occasions inestimables pour se développer et avancer.

Les commentaires et les propositions doivent être vus comme des opportunités de réflexion et d'évolution, menant potentiellement à de nouveaux points de vue ou à des modifications dans notre méthode.

Il est délicat de maintenir un équilibre entre l'acceptation des retours et la sauvegarde de sa propre intégrité. En cultivant ce détachement, vous favorisez un cadre qui encourage le développement de votre créativité et de votre authenticité, sans craindre le jugement des autres.

Choisissez de respirer, pas de plaire.

Mettre l'accent sur l'idée de contribuer au bien-être des autres plutôt que de chercher à obtenir leur approbation engendre un profond sentiment d'épanouissement et de signification. En soutenant autrui, nous favorisons aussi notre propre bien-être.

En mettant l'accent sur les exigences des autres, nous diminuons le fardeau du jugement externe. Cette méthode favorise un environnement qui encourage une plus grande liberté intérieure.

Accepter nos imperfections nous rend plus humains et inspirants. Tout comme les protagonistes des films, nos échecs et incertitudes constituent des éléments essentiels de notre récit et peuvent affecter autrui.

L'authenticité et la vulnérabilité favorisent des liens profonds. En exposant nos défis et nos revers, nous démontrons aux autres qu'il est courant de ne pas être infaillible.

Le passage de « désirer être aimé » à « vouloir respirer » marque un tournant vers une existence plus épanouie, axée sur l'entraide et le partage avec autrui, génératrice d'une véritable joie. Cette perspective sur l'altruisme et l'authenticité a le potentiel de modifier radicalement notre façon d'exister et d'interagir avec notre environnement. En apportant de l'aide et du soutien, nous découvrons une dimension qui enrichit notre propre existence.

EN BREF...

L'opinion d'autrui, reflet de nos désirs et de nos craintes, a un impact significatif sur notre estime personnelle et nos actions. Il nous arrive fréquemment de rechercher la confirmation et l'aval des autres, ce qui peut conduire à dissimuler notre véritable personnalité. Cette poursuite de l'image idéale nous confine dans un cycle pernicieux : plus nous cherchons à satisfaire, plus nous nous détachons de notre propre essence.

La véritable clé d'une existence épanouie, l'authenticité consiste à avoir le courage de rester soi-même, avec ses atouts et ses défauts. C'est reconnaître que nous ne sommes pas sans défauts et que cela n'altère en rien notre valeur d'être aimés. En nous déchargeant du fardeau du jugement d'autrui, nous pave le chemin vers des relations plus authentiques et plus solides.

Les bénéfices de l'authenticité :

- **Une plus grande liberté intérieure :** en cessant de chercher l'approbation constante des autres, nous retrouvons notre autonomie et notre capacité à faire des choix en accord avec nos valeurs.
- **Des relations plus authentiques :** en étant sincères, nous attirons des personnes qui nous aiment pour ce que nous sommes vraiment.
- **Une meilleure estime de soi :** en acceptant nos

imperfections, nous renforçons notre confiance en nous-mêmes.
- **Une plus grande résilience :** en étant authentique, nous sommes mieux préparés à faire face aux difficultés et aux critiques.

Comment cultiver l'authenticité ?

- **Prendre conscience de l'influence du regard des autres.**
- **Identifier les domaines où l'on cherche à plaire plutôt qu'à être soi-même.**
- **Accepter ses vulnérabilités.**
- **Cultiver la compassion envers soi-même.**
- **S'entourer de personnes bienveillantes.**
- **Pratiquer la pleine conscience pour se reconnecter à soi-même.**

En conclusion, l'authenticité est un cheminement personnel qui demande du courage et de la persévérance. En choisissant d'être nous-mêmes, nous ouvrons la porte à une vie plus riche, plus authentique et plus épanouissante.

SOUVENEZ-VOUS DU POURQUOI, ET LA MOTIVATION SERA PRESENTE

Les défis complexes de la motivation, en particulier la Les problématiques complexes liées à la motivation, notamment l'influence de la peur et des émotions sur notre capacité à maintenir notre dynamique, se manifestent particulièrement lorsqu'il s'agit de quitter notre zone de confort.

La motivation est souvent mise face aux émotions, notamment la peur. Qu'il s'agisse de la peur de l'échec ou de l'inconnu, elle complique la considération du changement.

Les commentaires des personnes de notre entourage peuvent parfois nuire à notre motivation. Quand leurs réactions sont influencées par leurs propres craintes et doutes, cela peut porter atteinte à notre confiance en nous-mêmes.

Il est essentiel de donner la priorité à notre bonheur. Des décisions telles qu'un changement de profession peuvent engendrer du désordre, mais ce désordre se transforme fréquemment en terre fertile pour de nouvelles possibilités.

Les premières années de notre existence ont un impact crucial sur la façon dont nous appréhendons le monde. Il arrive fréquemment que nous n'utilisions qu'une portion de notre potentiel, limitant ainsi notre perspective sur ce que nous pouvons réaliser.

Consacrer un moment pour considérer ce qui nous passionne véritablement peut nous aider à rompre avec les schémas automatiques qui nous restreignent. Il est essentiel de prendre conscience de nos expériences passées et de notre trajectoire individuelle.

L'engagement dans de nouveaux métiers ou projets inconnus

peut engendrer des incertitudes. Même si ces incertitudes peuvent miner notre motivation, elles constituent un élément essentiel du processus d'apprentissage.

Comme pour de nombreux défis, le niveau de motivation peut fluctuer. Ceci est courant, par exemple, quand on se lance dans une activité sportive au Nouvel An et que l'excitation diminue progressivement.

Pour garder la motivation, il est crucial de :

- **Reconnaître et accepter ses peurs** : plutôt que de les ignorer, les affronter peut aider à réduire leur impact.
- **Chercher un soutien positif** : s'entourer de personnes qui croient en nous peut renforcer notre confiance.
- **Se fixer des objectifs réalisables** : décomposer les grands objectifs en étapes plus petites et gérables peut aider à maintenir l'élan.
- **Pratiquer la pleine conscience** : rester présent et conscient de nos émotions et pensées peut faciliter la navigation dans l'incertitude.

Ces idées peuvent offrir des orientations pour intensifier et préserver la motivation au fil du temps, même lors des moments difficiles.

Il existe 2 types de motivations.

- Celle qui provient de l'extérieur, ces actions que nous entreprenons pour autrui parce que nous sommes conscients qu'ils seront fiers de nous.
- C'est ce qui est produit de l'intérieur, c'est ce qui nous touche profondément. Cependant, en raison de notre

histoire, cela peut prendre un certain temps, car nous avons tendance à nous souvenir de nos échecs.

Choisir un objectif qui nous inspire et que l'on ressent au fond de nous.

Avoir une vision claire de ce que l'on veut réaliser facilite grandement la détermination des étapes à entreprendre. Par exemple, notre désir de voyager nous guide dans le choix du mode de transport et l'organisation des autres aspects.

Quand nous sommes motivés, une énergie nous traverse et nous incite à agir, ce qui contribue à la prévention de la procrastination.

La motivation est conditionnée au pourquoi.

Le défi peut se transformer en un puissant stimulateur de notre motivation. En se reconnectant à notre « pourquoi », nous avons la capacité de surmonter les défis et de persévérer, même dans les circonstances difficiles. Cette connexion forte à notre but nous aide à demeurer focalisés et persévérants.

Se rappeler de notre motivation à agir peut également engendrer un sentiment de bonheur et de croissance personnelle, rendant ainsi le cheminement plus satisfaisant. En nous attardant sur nos motivations essentielles, nous consolidons notre détermination et notre capacité de résistance. C'est une note cruciale pour préserver un état d'esprit positif et rester focalisé sur nos buts.

Identifier les freins.

Plusieurs facteurs, généralement influencés par des aspects externes ou des hésitations internes, peuvent conduire à l'abandon d'un projet. Voici quelques obstacles courants qui peuvent freiner notre progression :

Des occasions sociales, comme passer un week-end avec des amis, peuvent nous détourner de nos buts. Ces distractions peuvent provoquer un sentiment de détachement par rapport à nos priorités.

L'appréhension de l'échec ou des critiques peut nous amener à renoncer. Ces idées pessimistes nous poussent fréquemment à concentrer notre regard sur les obstacles plutôt que sur les chances.

Nous pouvons être contraints d'abandonner un projet en raison de restrictions temporelles ou du manque de soutien. Si notre énergie diminue, nous devenons plus susceptibles d'être distraits ou démoralisés. Les attentes des autres, qu'elles proviennent de la famille, du travail ou de la société, peuvent générer une tension qui nous détourne de notre objectif réel.

Stratégie de gestion de temps et de tâches.

Paramétrer des notifications sur son mobile peut s'avérer une méthode pratique pour se souvenir de faire des pauses régulières. Par exemple, appliquer la technique Pomodoro consistant à travailler pendant 25 minutes puis à prendre une pause de 5 minutes.

Si c'est possible pour vous, repérez les tâches que vous pouvez confier à d'autres. Cela allégera votre charge de travail et vous donnera l'opportunité de vous focaliser sur les priorités. Quand vous ressentez un blocage, tentez de fragmenter les tâches majeures en sous-tâches plus petites et plus gérables. Ceci allégera la charge de travail.

Si vous vous sentez coincé, prenez un instant pour libérer votre esprit. Faites une balade, écoutez de la musique ou pratiquez la méditation. Parfois, la prise de distance aide à trouver des solutions.

Prenez un instant pour revisiter vos accomplissements passés, même les plus modestes. Cela peut contribuer à stimuler votre motivation et vous permettre d'acquérir un nouveau point de vue.

Démarrez par une habitude pour enclencher votre énergie.

Consacrez 5 à 10 minutes quotidiennement à la méditation. Commencez facilement en utilisant des applications ou des vidéos tutoriel.

Choisissez une activité facile, comme des étirements, des sauts ou une petite danse sur votre morceau favori. Même dix minutes peuvent faire une différence importante.
Créez une playlist entraînante et dansez, mouvez-vous quelques instants. C'est à la fois divertissant et vivifiant.

Gardez un journal pour consigner vos idées, pensées ou réflexions. Cela peut vous aider à préciser vos buts et à adopter un nouveau point de vue.

Commencez votre journée en adoptant ces routines. Par exemple, débutez avec 5 minutes de méditation, puis effectuez quelques exercices doux avant de passer à une session d'écriture. Commencez par des actions mineures et simples à accomplir.

Chaque petite réussite stimule votre motivation et vous encourage à agir davantage. Ces petites routines peuvent véritablement créer une dynamique positive et un désir de s'améliorer.

Recourir à une aide externe pour gérer l'interdépendance.

Visionner des vidéos motivantes, collaborer avec un entraîneur et tirer parti de toutes les ressources externes à disposition. Faire la connaissance de personnes qui nous inspirent.

Éviter une multitude d'objectifs.

Autrement, vous serez omniprésents et absents à la fois.

EN BREF...

La motivation, qui est un moteur complexe influencé par de multiples facteurs, est cette force intérieure qui nous pousse à agir et qui est souvent soumise à des fluctuations. Elle est influencée par un ensemble de facteurs internes et externes, qui peuvent tantôt l'alimenter, tantôt la freiner.

Les freins à la motivation

- **La peur:** la peur de l'échec, du jugement ou de l'inconnu peut paralyser notre volonté d'agir.
- **L'environnement:** les opinions des autres, les pressions sociales et les événements extérieurs peuvent influencer notre motivation.
- **Les émotions négatives:** la tristesse, la colère ou la fatigue peuvent éroder notre enthousiasme.
- **Le manque de clarté:** un objectif flou ou des attentes irréalistes peuvent nous démotiver.

Les clés pour maintenir sa motivation

- **Comprendre ses motivations profondes :** Identifier ce qui nous anime véritablement nous permet de surmonter les obstacles.
- **Fixer des objectifs clairs et réalisables:** décomposer les grands objectifs en petites étapes facilite la progression.
- **Cultiver une attitude positive:** entourer-se de personnes positives, célébrer ses réussites et pratiquer la gratitude sont des éléments clés.
- **Gérer son temps efficacement:** organiser son emploi du temps et prendre des pauses régulières permet d'éviter le surmenage.
- **Prendre soin de soi:** une bonne alimentation, du sommeil et de l'exercice physique sont essentiels pour maintenir un niveau d'énergie optimal.

- **Chercher du soutien:** parler de ses difficultés avec des proches ou un professionnel peut être très utile.

Le rôle de l'environnement

Notre motivation est fortement influencée par notre environnement. Un milieu positif et stimulant encourage la créativité et l'implication. En revanche, un cadre stressant et défavorable peut miner notre motivation. Il est essentiel de sélectionner un environnement qui nous motive et nous appuie dans l'atteinte de nos buts.

L'importance de l'échec

L'échec est un élément essentiel du processus d'apprentissage. Il faut le percevoir comme une chance de progresser et de s'améliorer, plutôt que comme une démonstration de notre inaptitude. En tirant des leçons de nos fautes, nous renforçons notre résilience et notre détermination.

Pour conclure, la motivation est un processus évolutif qui demande un suivi régulier. En saisissant les éléments qui stimulent notre motivation et en établissant des tactiques pour la préserver, nous avons la possibilité de réaliser nos ambitions et de vivre plus pleinement.

EPROUVER UN DECALAGE :

UNE VOIX UNIQUE

DANS UN CHŒUR COMMUN

On se demande fréquemment quels efforts sont nécessaires pour progresser en parallèle des autres, surtout dans une perspective de croissance personnelle. Ce travail personnel, bien qu'essentiel, peut susciter un sentiment d'isolement, surtout si notre partenaire ne suit pas la même voie. Ce retard peut engendrer de la frustration et un sentiment d'éloignement, car on a l'impression que nos efforts sont vains.

Le désir d'avancer est fréquemment une route individuelle, surtout quand l'autre ne souscrit pas à cette démarche. Cela peut engendrer un sentiment de jugement et de frustration.

Tout le monde progresse à sa propre vitesse, et l'épanouissement individuel ne doit pas être forcé sur autrui. Les exigences que nous formulons à l'égard de notre partenaire peuvent entraîner des tensions superflues.

Face à l'inertie de l'autre, notre ego peut parfois répondre par la critique. Ce jugement n'est pas systématiquement conscient, mais il expose notre aspiration au confort et à la sécurité.

Dans une relation, on ne peut pas garantir que l'autre évoluera ou changera simultanément avec nous. Il est crucial d'accepter cette réalité afin de maintenir des relations saines.
Il est crucial de reconsidérer nos motivations lorsque nous désirons que l'autre se transforme. Cela découle souvent de notre besoin d'assurance et de confort plutôt que d'un réel désir de croissance mutuelle.

Ce passage nous pousse à considérer nos attentes par rapport aux autres et à admettre que chacun suit sa propre voie. Il est essentiel d'encourager l'acceptation et la patience dans nos interactions, tout en poursuivant notre propre épanouissement.

On a fréquemment l'habitude d'anticiper nos espérances sur les autres, persuadés que leur transformation facilitera notre existence. En fait, focaliser sur notre transformation personnelle peut être beaucoup plus libérateur.

Essayer de modifier les autres requiert beaucoup d'efforts et entraîne souvent de la déception. En portant l'attention sur soi, on réalise que notre tranquillité intérieure n'est pas influencée par les actions d'autrui. Cela nécessite un authentique abandon.

Admettre que notre joie peut se manifester indépendamment des actions d'autrui est une étape cruciale vers une existence plus paisible. Il est crucial d'accepter, en faisant un compromis avec notre ego, que nous pouvons être bien même sans changement chez les autres, pour favoriser notre sérénité intérieure.

Les attentes que nous nourrissons pour autrui peuvent fréquemment susciter de la colère ou du ressentiment. Quand une personne ne répond pas à nos attentes, cela peut perturber nos plans, et cette frustration résulte fréquemment de notre désir de maîtrise ou de confirmation externe.

En fin de compte, chacun suit sa propre voie. Les modifications chez autrui doivent découler de leur propre désir et à un moment qui leur est favorable. En permettant cela, nous nous délestons d'une partie du fardeau émotionnel que nous supportons.

Liberté : choisir pour soi, pas pour les autres.

La décision de changer est privée et individuelle. Il est fondamental de saisir que cette transformation doit être inspirée par sa propre volonté, et non en réponse aux attentes des autres, pour progresser de façon authentique.

Dans le cadre du développement personnel, il est fréquent de devoir faire face à nos propres craintes. Toutefois, cela ne signifie pas que nous devons obligatoirement faire suivre ce même chemin à autrui. Chaque personne a son propre tempo et ses propres obstacles à franchir.

En mettant en lumière notre propre trajectoire, nous nous transformons en une source d'inspiration pour autrui. Au lieu d'essayer de les contraindre à changer, nous avons la possibilité de les inspirer par notre propre évolution. C'est un processus naturel où nos actions lumineuses peuvent encourager les autres à suivre leur propre voie.

Il est crucial de garder à l'esprit que notre démarche doit se caractériser par la bienveillance. Il ne sera pas productif de crier des vérités ou d'imposer notre perspective. La lumière devrait être un guide, et non une contrainte.

Chacun a son propre parcours, et il est primordial de le considérer. Cette considération pour le cheminement des autres soutient notre propre approche, car elle nous permet de demeurer loyaux à nos décisions sans éprouver de frustration devant celles des autres.

Ces idées pourraient améliorer ta pratique du coaching en guidant tes clients à focaliser sur leur propre cheminement, tout en demeurant ouverts et sensibles aux évolutions qui les entourent.

Être humain, c'est aussi être imparfait.

Même si nous comprenons des notions spirituelles ou psychologiques, cela n'assure pas une métamorphose immédiate ou complète.

La véritable croissance s'obtient en acceptant notre humanité, imperfections incluses.

En nous focalisant sur notre parcours personnel, sans porter de jugement sur autrui, nous trouvons une sorte de sérénité et d'apaisement intérieur. Cela nous donne l'occasion de nous synchroniser avec nos besoins essentiels et de progresser selon notre propre cadence, sans être influencé par la comparaison.

La douleur peut agir comme un puissant catalyseur nous incitant à découvrir des facettes de notre être.

Chaque parcours est unique, et c'est précisément cette singularité qui confère une valeur inestimable à chaque chemin.

Il est fondamental d'explorer notre souffrance, nos désirs et nos vérités individuelles pour une évolution authentique.

Différents mais égaux : célébrons la diversité.

Cette perspective est très enrichissante et incite à une étude approfondie des dynamiques relationnelles.

Accepter les autres pour ce qu'ils sont ne veut pas dire les forcer à se transformer, mais plutôt reconnaître leur parcours individuel. Cela nécessite une profonde humilité et un désir de regarder au-delà de nos propres aspirations ou évaluations. Effectivement, en acceptant l'autre, nous favorisons un environnement de partage et d'éclat où chacun peut s'épanouir à son rythme propre. Ce procédé établit un lien authentique, affranchi de l'ego et des attentes. Au final, les relations peuvent se transformer en un lieu d'apprentissage réciproque, où chacun expose les aspects de nous-mêmes que nous n'avons pas encore découverts.

Les autres fonctionnent comme des miroirs, nous indiquant que nos réponses à leur égard sont souvent le reflet de notre propre travail personnel à effectuer. Prendre cela en compte nous permet de développer une plus grande empathie, aussi bien pour nous-mêmes que pour les autres, et de promouvoir des échanges plus sains et authentiques.

Chaque chemin est unique, respectons le choix de chacun.

Cette observation souligne l'importance de la patience et de la bienveillance dans nos relations avec autrui. En mettant l'accent sur notre parcours personnel, nos efforts et nos avancées, nous développons une posture positive qui favorise la récolte des bénéfices de notre travail introspectif.

Il est indéniable que les comparaisons avec autrui peuvent susciter de la frustration et du jugement, particulièrement lorsque nous avons l'impression que quelqu'un d'autre ne s'efforce pas de s'améliorer.

Toutefois, cela ne veut pas dire qu'ils n'avancent pas à leur propre rythme. Il est crucial de comprendre que chacun progresse à son propre rythme et dans sa propre direction, et que nos trajectoires, bien qu'apparemment distinctes, peuvent se rencontrer et s'enrichir l'une l'autre.

En nous libérant de notre égo, nous sommes en mesure d'aborder les relations avec davantage d'empathie et d'ouverture.

Cela nous offre l'opportunité d'applaudir les progrès des autres sans porter de jugement, tout en établissant une connexion profonde avec eux par des liens affectifs. Ainsi, nous instaurons un environnement favorable à l'expansion, à la compréhension et à la véritable interaction.

EN BREF...

L'aspiration à la croissance et à l'épanouissement est propre à l'humain. Il s'agit d'un développement individuel, une progression en solitaire, mais non isolée, même si notre entourage ne comprend pas nécessairement nos ambitions. Cet écart peut générer des tensions et susciter des questionnements quant à la nature de nos liens.

Les défis de l'évolution personnelle en couple

- **Les attentes :** nous avons souvent tendance à projeter nos attentes sur l'autre, espérant qu'il évolue au même rythme que nous.
- **La comparaison :** nous pouvons nous comparer aux autres couples, ce qui peut renforcer le sentiment d'être seuls dans notre démarche.
- **Le jugement :** il est facile de juger l'autre pour son manque d'engagement dans son propre développement personnel.
- **La peur de l'abandon :** nous pouvons craindre que notre croissance ne crée une distance entre nous et notre partenaire.

Cultiver l'acceptation et la patience

Pour préserver l'harmonie dans nos relations, il est essentiel de cultiver :

- **L'acceptation:** accepter que chacun a son propre rythme et ses propres motivations.
- **La patience:** comprendre que le changement prend du

temps et que forcer les choses n'est pas la solution.
- **La bienveillance:** accorder à l'autre le bénéfice du doute et lui offrir un espace de liberté.
- **La communication ouverte :** parler de nos besoins et de nos attentes de manière respectueuse et constructive.

Les bénéfices de l'évolution personnelle

En travaillant sur notre propre développement, nous :

- **Renforçons notre estime de soi:** nous apprenons à nous connaître et à nous accepter.
- **Améliorons nos relations:** nous devenons plus à même de communiquer nos besoins et de comprendre ceux des autres.
- **Développons notre résilience:** nous apprenons à faire face aux défis avec plus de sérénité.
- **Inspirons les autres:** notre exemple peut encourager notre entourage à se développer à leur tour.

En somme, le parcours d'évolution individuelle est une aventure en solo, mais il ne devrait pas nous couper du reste. En favorisant l'acceptation, la patience et la bienveillance, nous sommes en mesure de concilier notre aspiration à l'expansion avec la préservation de liens harmonieux.

SAVOIR DIRE NON

Il s'agit d'un élément essentiel dans l'évolution des relations interpersonnelles et l'auto-gestion. L'envie de satisfaire et la crainte de décevoir peuvent nous pousser à accepter, même si cela nuit à nos besoins et à notre bien-être.

Dans un grand nombre de cultures, l'affirmation par le mot « oui » est appréciée. Cela peut produire un sentiment d'obligation au lieu d'une décision libre et authentique. Il est primordial de comprendre que notre valeur ne repose pas sur notre aptitude à satisfaire les autres.

Accepter tout le temps peut conduire à une surcharge émotionnelle et physique. Ce mode de fonctionnement peut directement mener à un burn-out. Il est important de veiller à son bien-être et de reconnaître ses limites pour maintenir sa santé mentale et physique.

Savoir dire « non » peut s'avérer difficile, mais c'est une aptitude indispensable. Cela requiert de l'exercice et une reconsidération de notre compréhension de l'assertivité. Refuser une demande ne signifie pas nécessairement que l'on rejette la personne qui l'a formulée.

Dire « oui » quand nous avons vraiment envie d'aider ou de contribuer peut fortifier nos liens. Cependant, savoir dire « non » quand il le faut nous aide à conserver notre énergie et à focaliser nos efforts sur ce qui est réellement important pour nous.

En examinant nos motivations, nous pouvons acquérir la capacité de dire « oui » quand cela s'aligne avec nos valeurs et désirs véritables, et de dire « non » lorsque ce n'est pas bénéfique pour nous.

Chaque « oui » a un coût plus élevé que ce que vous pourriez penser.

C'est un cycle durable qui se manifeste quand nous luttons à dire « non ». En acceptant sans conviction, nous nous positionnons dans une situation où nous nous épuisons et où nous portons atteinte à nos relations.

Il arrive fréquemment que nous justifions nos choix en nous disant que nous « devons » faire une certaine chose. Ces commandements internes peuvent découler de notre formation ou de la contrainte sociale. Il est important d'identifier ces mécanismes de défense pour nous affranchir de cette tension.

Le corps humain a ses limites. Lorsque nous dépassons ces limites, nous pouvons rencontrer des problèmes de santé tels que la fatigue chronique, le burn-out ou même des troubles physiques. Ignorer ces signaux de détresse est dangereux, non seulement pour nous, mais aussi pour ceux qui nous entourent.

Dire "oui" sans être aligné avec soi-même peut effectivement éroder la confiance dans une relation. Lorsque nous nous mentons à nous-mêmes ou aux autres en acceptant des choses qui ne nous conviennent pas, cela engendre des malentendus et du ressentiment. Les relations reposent sur l'honnêteté, et il devient difficile de les maintenir si nous ne sommes pas sincères.

Ne pas savoir dire "non" peut entraîner un effet domino. Lorsque nous nous vidons de notre énergie, cela peut affecter notre productivité au travail, notre qualité de vie personnelle et même notre santé mentale. Cela peut également créer des tensions dans les relations, rendant chaque interaction plus compliquée.

Il est important d'être clair sur nos limites et nos besoins. Éclairer les raisons pour lesquelles nous ne pouvons pas nous engager peut favoriser la compréhension et le respect de nos décisions par autrui. Cela favorise une communication plus authentique et une interaction relationnelle plus saine.

L'art de refuser est un acte courageux qui demande de l'entraînement. Se rattacher à soi, à ses principes et à ses envies favorise la prise de décisions plus réfléchies et sincères. Cela contribue à établir des liens fondés sur la confiance et la compréhension réciproque.

Chaque refus représente une chance de réajuster vos priorités.

Il est courant de craindre de faire du mal à l'autre en refusant. Il arrive souvent que nous voyons un « non » comme une rejet personnelle, susceptible d'attiser notre crainte individuelle de l'abandon ou du refus. C'est un reflet de notre ego qui nous incite à fuir la confrontation.

Un refus peut se présenter comme une opportunité d'apprentissage et d'évolution personnelle. Cela nous incite à puiser dans nos ressources personnelles et à accroître notre autonomie. Même si la souffrance initiale est authentique, elle peut conduire à une introspection plus poussée de nos aptitudes et de nos ambitions.

Il est primordial de faire la différence entre la réalité et les interprétations qu'en fait notre égo. Il est fréquent que nos émotions soient intensifiées lorsque nous ressentons un « non », ce qui peut nous amener à nous sentir rejetés ou non appréciés. En adoptant une perspective plus large, nous pouvons comprendre que le refus de l'autre n'est pas un jugement de notre valeur individuelle, mais plutôt une décision influencée par leurs propres exigences ou contraintes.

Identifier les avantages d'un « non » peut changer notre perspective à son égard. Chaque refus peut nous propulser vers l'affirmation personnelle et nous aider à nous rapprocher de nos désirs authentiques. Être reconnaissant pour ces rejets peut nous permettre de demeurer réceptif aux opportunités et aux challenges que la vie nous offre.

Dire « non » à quelqu'un peut aussi avoir des avantages pour cette personne. Cela pourrait l'inciter à relever ses propres défis et à renforcer sa résilience. Au bout du compte, un « non » pourrait être perçu comme une occasion d'évoluer, tant pour celui qui le reçoit que pour celui qui l'exprime.

Nous ne refusons pas à l'autre, mais à sa sollicitation.

Refuser peut être un geste de courage et d'affirmation personnelle, en particulier dans un cadre professionnel où l'exigence de plaire à tous peut être élevée.

En définissant des frontières nettes, nous sauvegardons non seulement notre équilibre personnel, mais nous veillons aussi à ce que les missions que nous entreprenons soient en harmonie avec nos aptitudes et nos priorités. Cela assure la préservation de la qualité de notre travail tout en optimisant notre contribution au groupe ou à l'entreprise.

Faire comprendre notre refus en soulignant notre surcharge de travail et l'effet sur la qualité du service est une méthode efficace pour faire prendre conscience à autrui que nos disponibilités ne sont pas infinies. Cela encourage aussi une atmosphère de réciprocité respectueuse, où tous peuvent manifester leurs compétences et leurs exigences sans peur d'être jugés. Il serait peut-être judicieux, à l'occasion, d'utiliser ce « non » pour établir des limites tout en demeurant ouvert à des discussions constructives.

Refuser n'est pas instinctif.

Ici, nous mettons en lumière des points essentiels sur l'importance de savoir dire non et d'établir des limites.

En effet, s'exercer à dire « non » de manière assertive peut être difficile au début, surtout si l'on a l'habitude de vouloir plaire aux autres. Cela peut nous amener à des sentiments de culpabilité ou d'angoisse, ce qui est totalement compréhensible.

Il est significatif de garder à l'esprit que fixer des limites n'est pas un acte égoïste, mais plutôt une façon de se préserver et de garantir que nous possédons l'énergie et la disposition nécessaires pour participer aux choses qui nous tiennent réellement à cœur. L'exercice de cette aptitude peut effectivement contribuer à minimiser les tensions internes et à prévenir des réactions physiques de stress, telles que les douleurs ou les attaques d'anxiété.

Il est essentiel d'utiliser un ton approprié et respectueux lors de ces interactions, car cela contribue à préserver des relations saines et productives. Avec de la pratique et du temps, le fait de dire « non » deviendra plus instinctif et moins associé à des émotions négatives.

Être capable de dire « non », c'est être capable de se dire « oui » à soi-même.

Il est une distinction très claire entre le « oui » sincère et le « oui » motivé par la pression ou le devoir.

Il existe une différence nette entre le « oui » authentique et le « oui » influencé par la pression ou l'obligation.

Quand nous exprimons un « oui » en accord avec nos envies et nos principes, cela se transforme en une véritable manifestation d'amour pour soi-même. Cependant, un « oui » accordé à regret peut engendrer de l'épuisement et de la déception, souvent parce qu'il ne reflète pas nos désirs profonds.

En effet, établir nos intentions représente une excellente première étape. En comprenant clairement nos aspirations et nos priorités, il nous devient plus facile de décider ce à quoi nous souhaitons vraiment consentir. Élaborer des listes de nos buts et désirs peut également aider à définir nos priorités et assurer que nos engagements sont en accord avec nos principes.

Mettre l'accent sur les engagements et initier une « désintoxication numérique » sont aussi des stratégies efficaces pour maintenir notre concentration sur nos priorités. Le monde numérique peut souvent nous éloigner de nos priorités ou nous submerger d'informations. Établir des limites avec ces technologies peut nous aider à libérer du temps et de l'énergie pour ce qui est vraiment important.

En somme, dire « non » par défaut est une stratégie efficace pour maintenir notre intimité tout en concentrant nos efforts sur nos buts. Si l'on considère que « non » peut suffire comme réponse, nous réduisons la pression d'expliciter chaque choix, ce qui est extrêmement libérateur.

Il serait peut-être pertinent d'envisager l'intégration de ces habitudes dans notre routine quotidienne.

EN BREF...

Dire « non » est fréquemment considéré comme un signe de faiblesse ou de manque de courtoisie, alors qu'en réalité, c'est une démonstration de bravoure et d'estime de soi. L'aptitude à établir des frontières est indispensable pour maintenir notre santé physique et mentale, ainsi que pour favoriser des liens plus authentiques.

Pourquoi est-il si difficile de dire non ?

- **Peur du rejet :** nous craignons de déplaire aux autres ou de perdre leur affection.
- **Besoin d'approbation :** nous avons souvent besoin de l'approbation des autres pour nous sentir valorisés.
- **Peur de manquer des opportunités :** nous avons peur de passer à côté de quelque chose d'important.
- **Difficulté à exprimer nos besoins :** nous avons du mal à affirmer nos limites et à dire ce dont nous avons réellement besoin.

Les conséquences de ne pas dire non

- **Surcharge émotionnelle et physique :** dire oui à tout peut mener au burn-out et à des problèmes de santé.
- **Relations tendues :** lorsque nous ne sommes pas honnêtes sur nos limites, cela peut créer des tensions dans nos relations.
- **Perte de confiance en soi :** dire oui à des choses qui ne nous correspondent pas peut éroder notre estime de soi.

Les bénéfices de dire non

- **Amélioration de la qualité de vie :** en disant non, nous prenons soin de notre bien-être physique et mental.
- **Renforcement des relations :** en étant honnête sur nos limites, nous construisons des relations plus solides et authentiques.
- **Augmentation de la confiance en soi :** dire non nous permet de nous affirmer et de prendre des décisions en accord avec nos valeurs.
- **Meilleure gestion du temps :** en refusant les

demandes qui ne correspondent pas à nos priorités, nous gagnons du temps pour nous consacrer à ce qui compte vraiment.

Comment apprendre à dire non ?

- **Identifier ses valeurs :** en clarifiant ce qui est important pour nous, il devient plus facile de prendre des décisions en accord avec nos valeurs.
- **Communiquer avec assertivité :** exprimer son refus de manière claire et respectueuse, en expliquant les raisons de sa décision.
- **Pratiquer régulièrement :** plus nous dirons non, plus cela deviendra facile et naturel.
- **S'entourer de personnes bienveillantes :** chercher le soutien de personnes qui nous encouragent à être nous-mêmes.

Pour conclure, refuser est une démonstration d'estime de soi qui nous offre la possibilité de mener une existence plus authentique et enrichissante. En apprenant à établir des frontières, nous consolidons notre assurance personnelle et protégeons notre bien-être.

REVE, CROIS, REALISE !

Il est crucial d'avoir une motivation solide pour tenir bon face aux difficultés et aux entraves.

Nos valeurs, nos passions et notre aspiration à vivre de manière exhaustive engendrent souvent une motivation profonde. Elle nous encourage à prendre des mesures, même en présence d'obstacles.

Quand nous agissons en accord avec notre motivation interne, nous développons une résilience qui nous aide à dépasser les échecs et à tirer des leçons de nos fautes, plutôt que de succomber au découragement.

Éclaircir nos rêves et saisir leur importance renforce notre résolution. Cela nous permet de rester focalisés et de garder la direction, même face aux défis.

Sur l'itinéraire de nos aspirations, fêter les succès mineurs stimule notre motivation et nous fait prendre conscience que chaque avancée compte.

Se rapprocher de personnes qui partagent nos objectifs ou qui nous appuient peut aussi stimuler notre motivation. Le soutien des autres devient un levier puissant pour nous aider à avancer.

En définitive, la motivation intrinsèque est l'énergie qui nous propulse à poursuivre nos aspirations avec ardeur et persévérance.

Se poser la question du « pourquoi ».

Plusieurs éléments peuvent influencer notre motivation à poursuivre nos aspirations.

Aimer ce que l'on fait produit une énergie positive. Quand nos aspirations s'accordent avec nos passions, un dévouement spontané se manifeste, nous incitant à progresser.
Des objectifs précis nous fournissent une orientation. Cela nous donne la possibilité de tracer le chemin à parcourir et d'évaluer notre progression, ce qui booste notre motivation.

Lorsque nos aspirations sont en accord avec nos valeurs fondamentales, elles se transforment en un levier de motivation pour passer à l'action. Cette concordance entre nos actes et nos principes engendre une gratification personnelle et confère un sens à nos démarches.

Avoir la capacité d'avoir un impact positif sur sa vie ou celle des autres peut être un puissant moteur de motivation. S'impliquer dans un projet qui nous dépasse peut accroître notre engagement.

L'apprentissage et le développement personnel peuvent également être une source de motivation. L'aspiration à se transformer en la meilleure version de soi-même constitue une force motrice puissante.

Le soutien et les encouragements de la famille, des amis ou de la communauté peuvent renforcer notre motivation. Le réconfort et la force se trouvent dans la conscience de ne pas être seul sur son parcours.

Visualiser le futur que nous souhaitons bâtir pour nous-mêmes peut servir de puissant moteur de motivation. La visualisation de notre réussite nous permet de rester focalisés sur notre parcours.

Une fois que nous avons identifié ces sources d'inspiration, il devient plus facile de conserver notre détermination tout au long de notre parcours vers nos aspirations.

Décrivez votre rêve, dessinez votre réalité, c'est votre boussole !

Détailler et expliquer un rêve aide à préciser nos désirs et à convertir une idée vague en un objectif tangible et atteignable.

À l'instar de la taille d'un diamant, chaque coup de ciseau – chaque terme, chaque pensée – contribue à exposer l'éclat de ce que nous souhaitons véritablement. Cela nous facilite non seulement la compréhension de nos désirs, mais également le dépassement des obstacles qui peuvent paraître infranchissables.

Y croire, c'est déjà commencer à réaliser.

Le concept selon lequel chaque possibilité mérite d'être tentée tant qu'elle existe est d'une grande puissance.

C'est souvent notre confiance dans nos compétences et nos aspirations qui nous propulse vers le succès. Même face aux doutes et aux craintes, maintenir cette foi en nous et en notre projet peut faire toute la différence.
Il est courant que les autres partagent leurs inquiétudes à notre sujet, généralement influencées par leurs propres expériences et craintes. Cela souligne l'importance de garder une

perspective claire et de rester attaché à nos principes, même quand cela semble ardu.

Il est normal d'avoir des moments de doute qui sont une partie essentielle du trajet. Faire face à ces défis avec bienveillance pour soi-même et en gardant à l'esprit les motifs qui nous ont poussés à commencer peut faciliter la surmontée de ces écueils.

Évoquer nos rêves et ambitions avec ceux qui nous appuient peut créer un climat favorable à l'épanouissement et à l'encouragement. Il est crucial de trouver une communauté bienveillante pour soutenir notre engagement tout au long de notre cheminement.

Le fait de consacrer du temps à la réflexion, à la méditation et à la reconnexion avec soi-même permet de mieux cerner ce qui compte réellement pour nous et d'accroître notre résolution à réaliser nos aspirations.

Chaque étape, même la plus minime, revêt une importance. Avoir confiance en soi et persister, même dans les périodes de doute, est un acte de bravoure et de force. En adoptant cette mentalité, tu es sur la bonne voie !

Des rêves communs, une force infinie.

Il est précieux d'échanger avec ceux qui ont déjà emprunté ce parcours, car cela illustre bien que rien ne se construit instantanément, sans travail acharné ni phases d'incertitude.

Ensemble, on est plus fort : l'aide, c'est un effort collectif.

Il est significatif de reconnaître que nous ne sommes pas isolés dans nos défis et nos ambitions.

Solliciter l'aide et les conseils de personnes ayant traversé des expériences comparables peut grandement enrichir notre trajectoire.

Il est vrai que l'attente des autres pour passer à l'action peut fréquemment causer de la frustration. Le fait de prendre l'initiative de se mettre en relation et de s'informer est une approche proactive qui peut créer des opportunités et favoriser des rencontres avec des individus inspirants. La vie a fréquemment cette capacité à croiser notre route avec celle de personnes qui peuvent nous appuyer et nous orienter.

Ces interactions peuvent non seulement nous propulser en avant, mais également consolider notre sentiment d'appartenance et de partage. C'est un voyage extrêmement enrichissant.

L'action est le pont entre l'idée et la réalité.

Amasser des connaissances sans agir peut mener à la stagnation plutôt qu'à l'avancement. S'informer est essentiel, mais il est tout aussi important de prendre des mesures concrètes pour réaliser nos rêves.

Il est aisé de se submerger dans la quête d'informations. Dès que nous avons établi une base robuste, il est crucial de passer à l'étape active.

La décomposition de notre rêve en objectifs réalisables rend la tâche moins décourageante et plus simple à administrer.

L'échec est un élément essentiel du processus d'apprentissage. Chaque essai, qu'il soit réussi ou non, nous rapproche de notre but.

Fixer un délai peut nous encourager à agir au lieu de repousser sans cesse.

Souvent, de petites actions mènent à de grands succès. Chaque étape compte.

Plus nous passons à l'action, plus nous stimulons notre motivation et notre assurance personnelle.

Ce processus a le potentiel de réaliser un rêve, et c'est par l'action que nous faisons avancer notre existence.

Savourez chaque étape du voyage.

La voie vers nos aspirations est fréquemment jalonnée d'apprentissages et de révélations, qu'ils concernent nos capacités internes ou les ressources extérieures dont nous disposons. Effectivement, le simple acte de se lancer et d'avoir le courage de poursuivre un rêve, peu importe l'issue, est déjà une grande réussite en soi. Ceci nous offre l'opportunité de croître, de se relever suite aux revers et de poursuivre notre progression.

Le concept selon lequel « réussir, c'est se relever une fois de plus que l'on est tombé » représente à merveille la notion de résilience. Chaque étape, chaque défi et chaque effort sont essentiels dans notre parcours. Cela souligne l'importance d'apprécier le processus, plutôt que de se focaliser uniquement sur le résultat.

EN BREF...

La motivation est ce qui nous propulse à agir et à persister devant les défis. Lorsqu'elle est enracinée dans des principes forts et des ambitions personnelles, elle se transforme en une force puissante qui nous oriente vers nos buts.

Les clés d'une motivation durable

- **Identifier ses valeurs et ses passions :** comprendre ce qui nous anime nous permet de fixer des objectifs alignés avec notre identité profonde.
- **Fixer des objectifs clairs et réalisables :** décomposer les grands objectifs en petites étapes facilite la progression et maintient la motivation.
- **Célébrer ses réussites :** reconnaître ses progrès, même les plus petits, renforce la confiance en soi et encourage à poursuivre.
- **S'entourer de personnes positives :** le soutien de notre entourage est essentiel pour surmonter les obstacles.
- **Cultiver la résilience :** apprendre de ses échecs et persévérer malgré les difficultés sont des qualités essentielles pour atteindre ses objectifs.
- **Prendre soin de soi :** une bonne hygiène de vie (alimentation, sommeil, exercice) favorise une énergie positive et une meilleure concentration.

Les obstacles à la motivation et comment les surmonter

- **La peur de l'échec :** visualiser la réussite, célébrer les petites victoires et se rappeler ses réussites passées peuvent aider à surmonter cette peur.
- **Le manque de temps :** organiser son temps, prioriser ses tâches et déléguer si nécessaire peuvent libérer du temps pour se consacrer à ses objectifs.
- **La procrastination :** mettre en place des routines et

des habitudes pour se motiver à agir.
- **La perte de motivation :** revenir à ses raisons initiales, célébrer ses progrès et chercher du soutien peuvent aider à retrouver sa motivation.

<u>Le rôle de l'environnement</u>

Notre environnement a un impact significatif sur notre Notre motivation est fortement influencée par notre environnement. Un milieu positif et stimulant encourage la créativité et l'implication. Il est crucial de se constituer un entourage bienveillant et d'établir un environnement professionnel favorable à la concentration.

La motivation est un processus en constante évolution qui requiert une attention continue. En saisissant les éléments qui stimulent notre motivation et en élaborant des moyens pour la conserver, nous avons la possibilité de réaliser nos visées les plus audacieuses et d'avoir une existence plus satisfaisante.

LES RELATIONS SAINES NOURRISSENT L'ÂME, LES TOXIQUES L'EPUISENT

On peut distinguer les relations toxiques des relations énergivores. Être capable de les différencier aide à mettre en place des frontières saines. Dans les situations d'abus, il peut s'avérer indispensable d'agir de manière plus radicale, comme rompre les relations ou demander du soutien. Cependant, pour les relations qui consomment beaucoup d'énergie, il est généralement nécessaire de préciser ses besoins et de reconsidérer son implication dans la relation.

Les personnes énergivores.

Les relations énergivores drainent notre énergie sans nécessairement être malveillantes :

- ❖ **Trop de demande** : une personne peut demander beaucoup de soutien émotionnel ou d'attention, sans offrir un équilibre en retour.

- ❖ **Drame constant** : des situations conflictuelles récurrentes peuvent entraîner une fatigue émotionnelle.

- ❖ **Manque d'alignement** : les valeurs, les intérêts ou les objectifs de vie peuvent ne pas correspondre, créant une dissonance qui peut être épuisante.

Pour les identifier, il faut poser des questions et faire preuve d'empathie dans les relations complexes.

En identifiant et en comprenant les comportements des individus grâce à l'interrogation, nous pouvons établir un dialogue constructif. Cela contribue à clarifier des comportements considérés comme agressifs et à instaurer une communication plus explicite.

L'écoute sans préjugés peut révéler des motivations dissimulées et offre une perspective différente sur la situation.

En considérant les expériences de l'autre, nous sommes en mesure de mieux saisir ses réactions. Cette compréhension contribue à diminuer notre réaction personnelle face à ses actions.
Il est vrai que les relations compliquées peuvent servir de miroir, révélant des facettes de notre être que nous devons encore découvrir ou résoudre. Elles peuvent servir d'important moteur pour le développement personnel.

Il est essentiel de définir des limites pour atteindre l'équilibre entre l'ouverture aux autres et la protection personnelle. On peut tout à fait être disponible pour autrui tout en veillant sur son propre bien-être. Il est nécessaire de prendre conscience de ses propres limites et d'apprendre à refuser lorsque c'est indispensable.

Il est crucial de ne pas se sentir contraint d'apporter tout dans une relation pour maintenir son bien-être émotionnel. Chaque individu a des besoins spécifiques et il est primordial de tenir compte des vôtres.

En considérant ces interactions ardues comme des challenges, nous sommes en mesure de privilégier l'auto-apprentissage et l'évolution personnelle, au lieu de nous sentir submergés ou de nous considérer comme des victimes de la circonstance.

Cela pourrait modifier notre façon d'interagir avec ces individus, nous offrant la possibilité d'aborder les relations de manière plus positive et proactive.

Nous avons le sentiment que nous ne sommes pas en confort avec ces individus.

En nous, il persiste une impression qu'il y a quelque chose qui cloche, que nous ne sommes pas là où nous devrions être. Cette gêne découle du besoin constant de porter un masque, d'incarner une autre personne, ce qui nous empêche de révéler notre authenticité. Au fond de nous, on ressent cette impression que quelque chose ne tourne pas rond. Quoi que nous entreprenions, il y a indéniablement un obstacle. Il est essentiel de se fier à nos sentiments.

Quoiqu'il arrive face à ces personnes, nous sommes privés de toute joie.

Ne jamais se réjouir de nos progrès ou de nos petites victoires, ni ressentir d'enthousiasme, est souvent un signe de personnes toxiques. Se respecter implique parfois de mettre fin à la relation avec une personne toxique, ne serait-ce que temporairement.

Comment se défaire de ces relations toxiques ?

L'intuition est un précieux conseiller que beaucoup ont tendance à ignorer. Quand on s'accorde le temps d'entendre notre voix intérieure, celle-ci peut réellement nous guider dans nos interactions et nous orienter vers des choix qui sont en accord avec nos principes et notre sérénité.

Il est primordial de se relier à notre cœur et à nos sentiments pour saisir les indices de notre intuition. Parfois, un bref instant de tranquillité est suffisant pour saisir ce que notre intuition essaie de nous transmettre. En développant cette attention interne, nous sommes en mesure de distinguer plus facilement les individus et les circonstances qui nous procurent du bonheur de celles qui ne nous plaisent pas. Il est précieux de se synchroniser avec soi-même et d'accueillir ce que notre intuition nous propose.

Noter ce qui ne va pas dans la relation et nos propres changements de comportements.

Quand on consacre beaucoup d'efforts aux autres, il peut s'avérer compliqué d'identifier nos propres besoins et sentiments. L'épuisement émotionnel ou l'accumulation de frustration peuvent se manifester par la colère et d'autres émotions fortes.

La tenue d'un journal de nos sentiments et de nos actions peut véritablement nous permettre de prendre du recul et d'avoir une meilleure compréhension de ce qui se déroule en nous. Ceci facilite l'identification des éléments déclencheurs de nos émotions, la reconnaissance de nos limites et la réalisation de modifications avant que la situation ne s'aggrave.

Quand notre empathie se mue en impatience ou en colère, cela peut nuire à nos relations et créer un cycle néfaste. Reconnaître ces modifications et évaluer nos échanges peut s'avérer crucial pour regagner l'équilibre.

Sortir du silence.

Il est essentiel de briser le silence et de manifester nos émotions, bien que cela puisse s'avérer ardu, pour regagner notre indépendance. Discuter de ce qui pose problème, sans avoir peur du jugement d'autrui, nous offre une perspective détachée de la situation.

Nous avons tendance à attirer des individus semblables en raison de nos expériences antérieures et de nos convictions. En reconnaissant ces tendances, nous avons la possibilité de nous auto-travailler et de modifier nos attentes afin d'encourager des relations plus saines.

Travailler sur nos failles émotionnelles.

Il est important de consacrer du temps à la reconnaissance de nos inconforts émotionnels. Cela nous aide à préciser nos sentiments et leurs raisons, tout en nous préparant à les exprimer aux autres.

Face à une personne toxique, il est courant de ressentir de la surcharge ou de la culpabilité. Développer l'empathie, non seulement pour nous-mêmes mais aussi pour autrui, nous offre une perspective différente sur leurs tentatives de manipulation. Cela peut nous permettre de rester focalisés et d'éviter de nous laisser happer par leur dynamique.

Se détacher émotionnellement de l'autre.

En reconnaissant ce qui ne fonctionne pas et en brisant le silence, nous regagnons notre force au sein de la relation. Ceci nous assisté à renouer avec notre intuition et à établir des frontières définies.

Il faudra à un certain point fermer véritablement la porte pour ne plus être fixé sur l'autre. Cela peut s'avérer compliqué, vu que l'autre personne et la relation en elle-même monopolisent toute notre concentration. On se rend donc compte que des émotions telles que la culpabilité apparaissent, nous dévorant de l'intérieur.
Après avoir réalisé cela, notre estime de soi est restaurée, nous revenons à notre essence, à notre véritable nature et à notre fierté. Ceci nous est d'une grande aide, et finalement, nous nous retrouvons pleinement.

EN BREF...

Les relations qui consomment de manière excessive notre énergie sont celles qui épuisent notre vitalité et portent atteinte à notre équilibre émotionnel. Ces relations se distinguent par une asymétrie dans leur dynamique, où l'un des partenaires apporte davantage qu'il ne reçoit.

Comment reconnaître une relation énergivore ?

- **Sentiment d'épuisement constant :** vous vous sentez vidé après chaque interaction.
- **Manque de reconnaissance :** vos efforts ne sont pas valorisés.
- **Sentiment de culpabilité :** vous vous sentez responsable du bonheur de l'autre.
- **Perte de confiance en soi :** vous doutez de vos capacités et de votre valeur.
- **Isolement social :** vous vous éloignez de vos amis et de votre famille pour vous concentrer sur la relation.

Les conséquences des relations énergivores

- **Problèmes de santé :** stress, anxiété, dépression, troubles du sommeil.
- **Baisse de l'estime de soi :** sentiment de ne pas être à la hauteur.
- **Difficultés relationnelles :** généralisation des schémas toxiques dans d'autres relations.
- **Perte de soi :** on oublie ses propres besoins et désirs.

Comment s'en sortir ?

1. **Prendre conscience :** reconnaître les signes d'une relation énergivore est la première étape.
2. **Communiquer :** exprimer ses besoins et ses limites de manière claire et assertive.
3. **Poser des limites :** apprendre à dire non et à protéger

son espace personnel.
4. **Chercher du soutien :** parler à des amis, à la famille ou à un thérapeute peut être très utile.
5. **Cultiver l'estime de soi :** se rappeler de sa valeur et de ses qualités.

Les bénéfices de se libérer d'une relation énergivore

- **Récupération de son énergie :** se sentir plus détendu et revitalisé.
- **Amélioration de l'estime de soi :** prendre conscience de sa valeur et de ses besoins.
- **Développement de relations plus saines :** attirer des personnes qui nous respectent et nous valorisent.
- **Plus grande liberté :** se sentir libre de faire ses propres choix et de suivre ses propres rêves.

Pour finir, les relations énergivores peuvent influencer de manière significative notre bien-être. En prenant conscience des signes d'une relation néfaste et en élaborant des tactiques pour s'en détacher, nous sommes à même de rétablir notre équilibre affectif et de bâtir des relations plus saines et plus épanouissantes.

CHAQUE CROYANCE LIMITANTE EST UNE BARRIERE A BRISER

Cette restriction, bien que discrète, produit une opposition qui nous bloque dans notre quête de réalisation maximale de nos capacités. Ces motifs récurrents peuvent être associés à des craintes, des incertitudes ou des expériences antérieures.

La première étape pour surmonter cet obstacle consiste à reconnaître ces croyances. Une fois repérées, nous avons la possibilité de les remettre en question et de les substituer par des pensées plus positives. C'est un processus qui nécessite du travail et de la persévérance, cependant, chaque avancée mineure dans l'élimination de ces contraintes peut donner lieu à des modifications notables dans notre existence.

Qu'est-ce qu'une croyance limitante ?

Les croyances limitantes représentent des certitudes profondes que nous tenons pour réelles, mais qui entravent notre progression.

Il s'agit souvent d'expressions que nous avons régulièrement entendues pendant notre enfance ou adolescence et qui ont fini par façonner notre réalité.

<u>Exemple :</u> « tu n'es bonne à rien ».

Alors que c'est faux. Cependant, votre perception se transforme en « je n'ai aucune valeur », « je ne sers à rien », « je ne suis pas digne d'être aimée »...

Nous tenons pour certain des choses qui ne le sont pas. Chaque action que nous prenons dans la vie est affectée par nos convictions restrictives, qui finissent par freiner notre développement personnel.

Il est courant que nous employions des termes tels que « toujours » ou « jamais » dans nos discours. Cela peut vous aider dans l'identification de ces croyances.

Exemple : « j'arrive toujours en retard. »

Ce n'est pas parce qu'il y a une tendance à l'arrivée tardive que cela représente fidèlement la réalité.

Savoir les identifier.

Les convictions positives fonctionnent comme un stimulateur, nous insufflant de l'inspiration et de la motivation pour progresser. Elles alimentent notre confiance en nous et fortifient notre capacité de résistance face aux défis. En revanche, les croyances restrictives engendrent des obstacles et nous freinent dans la réalisation de notre potentiel maximal.

Aller chercher le bénéfice de ces croyances limitantes.

Les croyances limitantes, malgré leur apparente négativité, jouent fréquemment un rôle de protection. Elles nous permettent d'éviter la souffrance, le dédain ou l'échec, ce qui peut paraître plus rassurant que de courir le risque de se montrer vulnérable.

C'est un mécanisme de protection de notre ego, bien que cela entrave notre avancement.

Soyez conscient de la pensée qui vous gêne. Formulez-la pour la rendre concrète. Posez-vous la question du bénéfice de cette conviction. Que cherche-t-elle à éviter ou à sauvegarder ? Quelle est votre impression à ce sujet ?

Vérifiez la légitimité de cette conviction. Est-elle fondée sur des expériences antérieures, des craintes ou des généralisations ?

Envisagez des convictions positives qui pourraient se substituer à la croyance limitante. Quels seraient les résultats de l'adoption d'une autre perspective sur la situation ?

Impliquez-vous dans des petites actions qui vous sortent légèrement de votre zone de confort. Chaque petit progrès aide à réduire la peur et à renforcer votre assurance.

Cet obstacle, bien que discret, produit une opposition qui nous bloque dans notre quête de réalisation maximale de nos capacités. Ces motifs récurrents sont fréquemment associés à des craintes, des incertitudes ou des expériences antérieures.

La première étape pour surmonter cet obstacle consiste à reconnaître ces croyances. Une fois repérées, nous avons la possibilité de les remettre en question et de les substituer par des pensées plus positives. C'est un processus qui nécessite du travail et de la patience, néanmoins, chaque progrès minime vers la suppression de ces restrictions peut engendrer des transformations majeures dans notre existence.

Remplacer cette croyance limitante par quelque chose de plus juste.

Il faut remplacer cette croyance par quelque chose de plus exact et de plus perceptible, parce que ce n'est pas la réalité.

Il y avait une époque où cette conviction nous paraissait avantageuse et nous convenait. À présent que nous avons reconnu ses limites, nous sommes en mesure de la substituer par quelque chose de plus bénéfique et d'une plus grande justesse.

Elle sera plus en accord avec notre nature profonde, ce que nous sommes actuellement et ce que nous aspirons à être. Notre perception de nous-mêmes et du monde qui nous entoure est influencée par nos pensées et nos croyances.

En substituant les pensées négatives par des déclarations positives, nous entamons la reprogrammation de notre esprit. Il est possible de s'inventer des mantras pour contribuer à ancrer ces nouvelles convictions. Cette démarche peut être un puissant outil pour se défaire de la peur et de l'auto-sabotage.

En outre, cette méthode peut trouver son application dans divers domaines de l'existence. Dans le milieu professionnel, les relations ou le développement personnel, avoir foi en ses compétences et sa valeur pourrait déverrouiller des opportunités surprenantes.

Il serait peut-être envisageable d'inclure ces déclarations dans ta routine journalière ? Parfois, de petites pratiques de pensée positive telles que la rédaction ou la répétition d'affirmations peuvent véritablement changer notre état d'esprit.

Un petit pas peut changer la trajectoire.

- ❖ Écrivez des objectifs. Cela donnera une direction précise.

- ❖ Créez un calendrier ou une liste d'étapes à suivre pour atteindre vos objectifs. Découpez les grandes tâches en petites actions faciles à gérer.

- ❖ Utilisez des mantras pour renforcer la confiance et rappeler votre valeur.

- ❖ Intégrez de petites actions chaque jour, comme des sessions de méditation, d'écriture ou d'exercice, qui vous rapprochent de vos objectifs.

- ❖ Entourez-vous de personnes qui partagent vos aspirations ou qui vous soutiennent. Cela peut inclure des mentors, des amis ou des groupes de soutien.

- ❖ Prendre le temps de réfléchir régulièrement à vos avancées. Cela peut vous aider à rester motivée et à ajuster votre plan si nécessaire.

- ❖ Récompensez-vous pour chaque petite victoire. Cela renforcera votre motivation et vous rappellera que vous êtes sur la bonne voie.

- ❖ Consacrez du temps chaque jour à la méditation ou à des exercices de respiration pour rester centré et en contact avec vos émotions.

- ❖ Acceptez que le chemin vers vos objectifs puisse être parsemé d'embûches. Soyez patient et bienveillant envers vous-même dans ce processus.

EN BREF...

Notre perception du monde et nos comportements sont fortement influencés par nos convictions. Les croyances limitantes sont celles qui nous entravent et nous empêchent de réaliser notre plein potentiel. Ces convictions négatives, souvent issues de notre formation ou de nos expériences antérieures, peuvent s'avérer ardues à détecter et à changer.

Identifier ses croyances limitantes

Pour entamer la transformation de nos croyances restrictives, leur identification est primordiale. Ces convictions se traduisent fréquemment par des idées répétitives, des affirmations que nous nous adressons à nous-mêmes ou des sentiments négatifs qui émergent dans certaines circonstances.

Les conséquences des croyances limitantes

Les croyances limitantes peuvent avoir un impact significatif sur notre vie :

- **Blocage personnel :** elles nous empêchent de sortir de notre zone de confort et de saisir de nouvelles opportunités.
- **Baisse de l'estime de soi :** elles minent notre confiance en nos capacités et nous poussent à douter de nous-mêmes.
- **Relations difficiles :** elles influencent notre manière d'interagir avec les autres et peuvent créer des tensions.

Comment transformer ses croyances limitantes ?

1. **Prendre conscience :** le premier pas consiste à identifier les croyances qui nous limitent.
2. **Les remettre en question :** se demander si ces croyances sont fondées sur des faits ou sur des émotions.
3. **Les remplacer par des affirmations positives :** formuler des affirmations qui reflètent les qualités que nous souhaitons développer.
4. **Agir en conséquence :** mettre en place de nouvelles habitudes et comportements qui sont en cohérence avec nos nouvelles croyances.
5. **S'entourer de personnes positives :** le soutien de notre entourage peut nous aider à renforcer notre confiance en nous et à surmonter nos doutes.

Les bénéfices de transformer ses croyances limitantes

En transformant nos croyances limitantes, nous pouvons :

- **Augmenter notre confiance en nous :** nous croyons davantage en nos capacités et en notre potentiel.
- **Réduire le stress et l'anxiété :** nous sommes moins enclins à nous inquiéter de l'avenir.
- **Améliorer nos relations :** nous interagissons avec les autres de manière plus positive et authentique.
- **Atteindre nos objectifs :** nous sommes plus déterminés et persévérants.

Pour conclure, c'est nos croyances qui construisent notre réalité. En décelant et modifiant nos convictions restrictives, nous assumons la maîtrise de notre existence et dessinons le chemin vers un futur plus radieux.

CHERCHEZ LA CROISSANCE, PAS LA PERFECTION

Plus nous nous efforçons d'éliminer une émotion ou une idée, plus nous leur attribuons de l'attention et de la force. Même si nous sommes naturellement portés à éviter l'inconfort, cette tentative d'évasion peut engendrer un cycle nuisible, car elle a tendance à conserver l'émotion ou la pensée en question.

Au lieu de tenter d'éliminer ces habitudes, il pourrait être plus bénéfique d'opter pour une démarche alliant compassion et acceptation. Cela signifie identifier l'émotion ou le sentiment sans porter de jugement ni émettre de rejet. Parfois, simplement l'accueillir et l'observer contribue à diminuer son impact.

Ce parcours vers la sérénité intérieure se fait de manière progressive. Il est impossible de modifier des habitudes de plusieurs années en un clin d'œil. On peut commencer ce processus en analysant nos réflexes, en saisissant les besoins ou les craintes qui les motivent, puis en les modifiant graduellement au fil du temps en développant de nouvelles habitudes de réflexion.

L'acceptation ouvre la voie à la transformation.

Ce texte va vous offrir une analyse détaillée et nuancée de l'acceptation de soi, en particulier en ce qui concerne les éléments de notre personne qui nous perturbent.

Embrasser ce qui existe au lieu de le rejeter permet de réorienter l'énergie généralement dépensée à combattre vers un lieu de conscience et de clarté. Par exemple, en acceptant notre perfectionnisme plutôt que de tenter de le supprimer, nous l'allégeons, nous réduisons son fardeau et réajustons notre concentration.

La solution passe par l'acceptation de toutes nos émotions et expériences. En acceptant même les sentiments inconfortables, nous arrêtons de nous réduire. Au contraire, l'effort de censure nous détourne de la satisfaction, parce qu'en rejetant une portion de notre réalité, nous perdons de l'énergie sans jamais combler nos besoins profonds.

Il est crucial d'explorer la source de nos désagréments en rétablissant le contact avec les ressentis corporels, les pensées intrusives ou notre crainte de l'échec ou du mécontentement.

Cet ancrage physique nous permet de percevoir pleinement la réalité, apaisant de cette manière notre quête de perfection en l'acceptant comme partie intégrante du tout. Il nous ramène à la réalité de l'existence, avec ses moments de joie et de tristesse, sans résistance ni échappatoire.

Observer les avantages.

On peut noter avec intérêt que le perfectionnisme, malgré les critiques qu'il suscite pour les tensions qu'il produit, peut aussi servir de puissant levier pour réaliser, avancer et surpasser les espérances.

Reconnaître l'insatisfaction comme un catalyseur et une orientation vers l'amélioration et l'implication, tout en acceptant l'imperfection, évite de se battre constamment contre celle-ci. L'objectif est de l'adopter et de reconnaître les avantages qu'elle a procurés au fil des ans. Cette vision met en évidence que tout n'est pas binaire : le perfectionnisme peut se transformer en un atout lorsqu'il est géré et intégré avec soin.

Il encourage l'exploration, la recherche de solutions et la poursuite de précision, ce qui a probablement mené à d'importantes réussites, au soutien offert à autrui et à notre propre avancement.

Au lieu de balayer cette tendance d'un revers de main, reconnaissons les aspects positifs qui en découlent et valorisons les avancées réalisées, même si elles ne répondent pas à nos critères de perfection.

En tenant compte de ces avantages, nous nous donnons la chance de nous relaxer, d'atténuer la douleur due à l'attente et de percevoir le perfectionnisme comme un moteur plutôt qu'un obstacle.

Éclairer l'excès : lorsque l'ego domine.

L'ego, en tant que partenaire constant mais tapageur, s'efforce constamment de nous préserver et de nous orienter, même si cela peut finalement se révéler être un frein.

L'ego reprend souvent le contrôle en nous persuadant que la quête de perfection est indispensable pour être accepté, réussir ou répondre aux attentes.

Pourtant, la perfection est subjective et sans fin.

Ce que nous percevons comme étant « parfait » peut apparaître ordinaire ou défectueux pour d'autres.

C'est pourquoi il est fondamental de dire à notre ego, que je nomme « Donuts » comme mon caniche, de se taire quand ses jappements deviennent trop persistants et me freine dans mes actions, mes avancées ou tout simplement dans le plaisir de ce qui est.

En apprenant à reconnaître l'ego pour ce qu'il est, un partenaire conciliant mais parfois intrusif, nous avons la possibilité d'établir un équilibre : entendre les propos de « Donuts », tout en maintenant fermement le contrôle de notre existence.

Considérer l'ego comme un simple outil de protection contribue à le dédramatiser. Au lieu de céder à ses propos démoralisants ou paralysants, admettre qu'il constitue une voix libératrice mais parfois excessive peut tout transformer. Le point crucial dans cette conversation est de traiter « Donuts » avec légèreté, tout en lui signifiant sereinement mais avec détermination que nous avons pris note de ses objections, mais que nous optons pour la suite malgré tout.

L'humour est un outil puissant, car il dissipe le stress et nous libère de notre fixation sur la perfection. Dire « OK, Donuts, j'ai compris, mais je vais quand même essayer » aide à dédramatiser la situation, à reprendre le contrôle et à relativiser la pression.

Plus nous embrassons cette perspective, plus l'impact de l'ego s'amenuise, et finira par comprendre que, malgré ses tentatives de maîtrise, c'est nous qui prenons la décision d'agir.

Au final, cette approche constitue une excellente occasion d'accueillir l'imperfection et de passer à l'action en dépit de nos craintes. Elle nous offre la possibilité de créer un environnement favorable à l'exploration, à l'échec, à l'apprentissage et à la croissance, plutôt que de laisser notre ego dicter nos pensées.

La perfection n'existe pas.

Il est fréquent de se tromper en pensant que la perfection est un but concret à réaliser, alors qu'en vérité, elle est subjective et varie selon les perceptions et les expériences individuelles.

Si l'on adopte le point de vue que donner le meilleur de soi-même est déjà une sorte de « perfection », on peut développer plus d'auto-compassion et de contentement personnel, sans être influencé par les aptitudes ou les exigences des autres.

Concentrer ses efforts sur ce que l'on peut apporter de meilleur à l'instant présent, sans se mesurer aux autres, devient une véritable force.

Chaque effort a sa propre valeur, et la comparaison n'apporte aucun avantage supplémentaire. De ce fait, le parcours de développement personnel se transforme en une démarche plus authentique, qui respecte nos valeurs et suit notre propre cadence.

EN BREF...

Le perfectionnisme, bien qu'il puisse paraître comme une vertu, peut entraver notre développement personnel. En réalité, il peut constituer un frein significatif à notre bonheur et à notre développement personnel. En adoptant des normes inaccessibles, nous générons une pression permanente qui peut engendrer de l'anxiété, de la procrastination et une estime de soi défaillante.

Les conséquences du perfectionnisme

- **Peur de l'échec :** le perfectionniste a peur de faire des erreurs et évite souvent de se lancer dans de nouvelles expériences.
- **Procrastination :** la peur de ne pas être parfait peut conduire à reporter les tâches importantes.
- **Isolement :** le perfectionniste peut avoir du mal à se connecter aux autres par peur du jugement.
- **Burn-out :** la recherche constante de la perfection

peut mener à l'épuisement physique et émotionnel.

Comment dépasser le perfectionnisme ?

1. **Prendre conscience de ses croyances** : identifier les pensées négatives qui alimentent le perfectionnisme.
2. **Accepter l'imperfection** : se rappeler que personne n'est parfait et que faire des erreurs est une partie normale de la vie.
3. **Célébrer les petites victoires** : se féliciter pour ses progrès, même minimes.
4. **Fixer des objectifs réalistes** : éviter de se fixer des objectifs trop élevés qui sont difficiles à atteindre.
5. **Pratiquer la bienveillance envers soi-même** : se parler avec douceur et compassion.
6. **S'entourer de personnes positives** : chercher le soutien de personnes qui nous encouragent et nous valorisent.

Le rôle de l'ego dans le perfectionnisme

L'ego, cet aspect de notre être qui cherche à se préserver et à s'apprécier, peut favoriser le perfectionnisme. En nous incitant à l'excellence, il entrave notre capacité à savourer pleinement l'instant présent et à reconnaître nos propres mérites.

Les bénéfices d'accepter l'imperfection

- **Plus de sérénité** : en lâchant prise sur l'idée d'être parfait, on réduit le stress et l'anxiété.
- **Plus de créativité** : en acceptant de faire des erreurs, on se sent plus libre d'expérimenter et d'innover.
- **Des relations plus authentiques** : on peut être soi-même sans avoir peur du jugement.
- **Une plus grande satisfaction** : on apprend à apprécier les petites victoires et à célébrer les progrès.

En somme, il est possible d'échapper au piège du perfectionnisme. En identifiant ses croyances restrictives et en développant une approche plus tolérante envers soi-même, on peut mener une existence plus épanouie et authentique.

LE LACHER PRISE OUVRE LA VOIX LORSQUE L'IMPUISSANCE SE PRESENTE

Ne pas pouvoir soulager la douleur, qu'elle soit la nôtre ou celle d'un autre, peut engendrer une spirale négative qui affecte notre estime de soi.

Il est essentiel de reconnaître que la souffrance et l'impuissance font partie intégrante de l'expérience humaine afin d'éviter de tomber dans le piège des convictions restrictives.

Il est normal d'éprouver de la confusion, mais il est crucial de ne pas oublier que ces sentiments ne définissent pas notre valeur intégrale. Nous avons fréquemment l'habitude de nous critiquer durement en cas d'échec, néanmoins chaque situation, même compliquée, représente une chance de développement et de progression.

Pour rompre ce cycle, il est crucial de développer la compassion, tant pour soi-même que pour autrui. Au lieu de succomber à la résignation ou de nous retrancher, nous avons la possibilité de consolider nos relations en reconnaissant que l'incapacité n'est pas une faiblesse, mais un aspect de la vulnérabilité inhérent à l'humanité.

En admettant nos limites, nous avons la possibilité de rétablir progressivement notre confiance en nous-mêmes et dans notre aptitude à prendre en charge des responsabilités, même par le biais de gestes modestes.

L'appui, l'aide et l'attention sont des outils essentiels pour transformer la faiblesse en puissance. En acceptant nos émotions et en exprimant notre humanité, nous sommes capables de créer des connections, même en période de souffrance.

Prendre le temps d'observer la douleur.

Se sentir impuissant devant la souffrance, qu'elle soit personnelle ou celle d'autrui, peut être extrêmement écrasant. Elle souligne à la fois notre humanité et notre volonté d'assistance, tout en mettant en évidence les contraintes de notre pouvoir d'intervention dans certaines circonstances.

L'idée de la splendeur de l'impuissance revêt une signification profonde. Reconnaître que le simple désir d'aider est un acte noble, même dans nos propres moments de vulnérabilité, nous permet de développer l'humilité et l'empathie.

Parfois, le meilleur soutien que nous pouvons apporter est de rester simplement là, d'écouter et de reconnaître les sentiments des autres, sans essayer de les solutionner.

Permettre aux émotions de se calmer est un geste empreint de sagesse. Ceci favorise la prise de distance, l'observation de nos pensées et émotions sans critique, nous aidant à découvrir des solutions plus appropriées et des gestes à effectuer, même dans les circonstances compliquées.

Cela ouvre la porte à la compassion, tant pour soi que pour autrui. C'est une démarche qui demande du temps et de la persévérance, mais peut aboutir à une connaissance plus approfondie de notre humanité partagée.

Accepter notre impuissance, c'est ouvrir la voie de la sérénité.

Reconnaître notre incapacité à contrôler certaines circonstances peut s'avérer difficile, mais essentiel pour notre équilibre psychologique et émotionnel. Accepter ne signifie pas se soumettre, mais plutôt reconnaître nos limites et comprendre que certains éléments sont hors de notre portée. Cela nous donne l'occasion de détendre la tension et de canaliser notre énergie vers les domaines où nous sommes en mesure d'apporter un changement véritable.

Admettre notre faiblesse peut sembler vulnérable, mais cela peut également être une source de puissance. Ceci nous offre la possibilité de nous connecter à notre humanité propre et à celle d'autrui, nous faisant prendre conscience que nous ne sommes pas isolés dans nos luttes.

Votre désir d'assister les autres avec bienveillance et affection est louable, toutefois, il est essentiel de garder à l'esprit que nos capacités émotionnelles et physiques ne sont pas illimitées. L'art de refuser ou de dire « je ne peux pas » est un geste qui témoigne de respect, tant pour soi-même que pour autrui.

Il est essentiel de trouver un juste milieu entre notre désir d'assistance et la prise en compte de nos propres nécessités. Cela peut inclure la mise en place de limites saines, grâce à des exercices d'auto-compassion et la sollicitation d'aide quand cela est requis.

En admettant nos limites, nous pouvons entamer l'élaboration de stratégies pour faire face à la souffrance qui en découle. Cela peut inclure des activités telles que la méditation, la pleine conscience ou toute autre pratique favorisant notre bien-être. Consulter un coach également est une excellente idée.

Votre perspective sur l'acceptation encourage la compassion, aussi bien pour soi que pour autrui. C'est une avancée vers un domaine où nous pouvons tous progresser avec plus de délicatesse dans nos échanges et nos enjeux quotidiens.

Nous ne pouvons pas rétablir une situation idéale.

Chaque action compte, que ce soit la prise de main d'un autre, l'écoute attentive ou tout simplement le partage d'un moment de silence. Ces gestes peuvent fournir un refuge et un appui, apportant un changement significatif, même si la situation demeure la même.

Être présent de manière attentive est un véritable don. Être présent pour les autres, sans jugement ni contrainte, favorise la création de relations plus intenses et l'établissement d'un sentiment de lien et de sécurité.

En définitive, chaque acte de soutien, même modeste, contribue à façonner un milieu plus attentif et empathique, même en présence de conditions moins qu'idéales. Cette méthode est avantageuse non seulement pour autrui, mais également pour alimenter notre propre bien-être et notre perception de la connexion humaine.

Parfois, les grandes solutions sont des mirages.

Fabriquer des petites choses qui, graduellement, nous permettront de surmonter la douleur, c'est semblable à une blessure qui, avec le temps, finit par se résorber. Elle demeurera visible, mais son influence sera diminuée.

Mettre de l'espoir face à la douleur.

Il est essentiel de comprendre que l'espoir ne se trouve pas seulement dans l'attente d'une transformation radicale, mais aussi dans l'acceptation de notre humanité et de nos limites.

La capacité à libérer la douleur et à laisser les émotions se manifester peut faciliter le chemin vers la résilience et des initiatives qui, bien que modestes, ont de l'importance.

Ces gestes délicats, comme un sourire ou une écoute

attentive, consolident nos relations sociales et nous rappellent que nous ne sommes pas isolés dans nos difficultés.

Cette méthode privilégie l'acceptation et l'observation comme des instruments efficaces pour surmonter le désespoir. Elle nous enseigne que, même en période d'adversité, l'espoir et le lien humain ont toujours leur place.

EN BREF...

Le sentiment d'impuissance face à la souffrance, qu'elle soit personnelle ou celle d'autrui, est une expérience universelle. Elle pose des interrogations profondes sur notre capacité à intervenir et à orienter le déroulement des événements. C'est aussi un appel à la résilience.

Accepter l'impuissance : une première étape vers la guérison

Il est souvent difficile, mais essentiel pour progresser, de reconnaître nos limites et de comprendre que certaines circonstances sont hors de notre portée. L'impuissance ne constitue pas une faiblesse, mais représente un aspect intrinsèque à la nature humaine. En l'adoptant, nous nous donnons les moyens de mieux comprendre notre être et l'univers qui nous entoure.

Les bienfaits de l'acceptation

- **Réduction du stress :** en cessant de lutter contre l'inéluctable, nous réduisons notre niveau de stress et d'anxiété.
- **Renforcement de la résilience :** l'acceptation nous permet de développer une plus grande capacité à faire face aux difficultés.
- **Amélioration des relations :** en partageant nos vulnérabilités, nous renforçons nos liens avec les autres.

- **Développement personnel** : l'expérience de l'impuissance peut nous amener à redéfinir nos priorités et à donner un nouveau sens à notre vie.

Les stratégies pour faire face à l'impuissance

- **La pleine conscience** : pratiquer la méditation et la pleine conscience permet de se centrer sur le moment présent et d'accepter les choses telles qu'elles sont.
- **Le soutien social** : partager ses émotions avec des proches ou un thérapeute peut être très utile.
- **L'action bienveillante** : même si nous ne pouvons pas changer la situation, nous pouvons toujours apporter notre soutien aux autres.
- **Le développement de nouvelles compétences** : acquérir de nouvelles compétences peut nous donner un sentiment de contrôle et d'efficacité.

L'espoir dans l'impuissance

Même si l'impuissance peut sembler paralysante, elle peut également être une source d'espoir. En reconnaissant nos limites, nous permettons l'émergence de nouvelles opportunités et une connaissance plus approfondie de nous-mêmes et de notre environnement.

Pour conclure, l'impuissance est une expérience universelle susceptible de causer de la souffrance. Toutefois, en développant l'acceptation, la compassion et la résilience, nous avons la possibilité de convertir cette difficulté en une chance pour un épanouissement personnel.

LA GESTION DE LA COLERE

Comme nous n'avons jamais été formés à gérer l'émotion de la colère, il nous arrive fréquemment d'éprouver des difficultés à la contrôler. On nous a principalement appris à les réprimer.

On pouvait nous dire :

- « Ce n'est pas bien d'être en colère, cela ne se fait pas ! »
- « Arrête avec ta tristesse, tu n'es pas un faible quand même ! »
- « Tu n'es quand même pas un trouillard ! »

Qu'importe l'émotion qui apparaît, elle véhicule toujours un message à notre intention.

Il est essentiel de faire la différence entre les émotions qui nous procurent du bonheur et celles qui nous déstabilisent et nous incitent à adopter des comportements inappropriés ou non justifiés.

Accepter qui l'on est.

Face à cette colère, quelques-uns chercheront à la contenir, la retiennent en eux, finissant par éclater ou la rejetteront. Quoi qu'il en soit, cela demeure inconfortable. Il est primordial de la reconnaître, et c'est tout à fait acceptable.

Vous éprouvez de la colère, et c'est tout à fait compréhensible. Cela peut être embarrassant, mais c'est tout à fait acceptable ! Il est donc essentiel de prêter attention à la colère, qui est présente.

- ✓ Accepter d'être en colère, c'est se donner le droit de la ressentir. Mais que cherche-t-elle à vous dire ?

- ✓ La première facette de la colère découle d'un sentiment d'injustice et/ou d'irrespect. Cela ne signifie pas que la personne en face de vous a agi ainsi, mais que vous avez vécu la situation de cette manière.

- ✓ La deuxième facette de la colère provient de l'orgueil. À ce moment-là, notre ego cherche à prendre le contrôle, et c'est là que se fait sentir le décalage entre ce que nous voudrions vivre et ce que nous vivons réellement.

Ce n'est pas toujours aisé pour l'ego d'écouter, mais je vous encourage à le mettre de côté un moment. Il est fréquent que, lorsque la colère est associée à l'orgueil, notamment suite à une altercation, nous ne parvenons pas à admettre nos erreurs, même si nous pressentons qu'il y a en nous quelque chose qui n'est pas entièrement justifiable.

On est conscient d'avoir franchi certaines barrières par les mots, bien que l'autre partie ait également dépassé les limites. À cet instant, l'orgueil domine et cherche uniquement à prouver sa justesse.

Il est donc aisé de le distinguer : l'ego a toujours raison et c'est invariablement la faute des autres.

Une fois que vous aurez correctement étudié cela, vous aurez réalisé un progrès significatif, car vous pourrez agir dans le sens approprié. Si vous parvenez à prendre du recul, comme si vous n'étiez pas personnellement concerné dans le récit, mais que vous regardiez un film, vous serez en mesure d'identifier la cause de votre colère.

Est-ce que c'est votre corps qui répond à un sentiment de manque de respect et/ou d'injustice, ou est-ce que votre fierté tente de démontrer qu'elle a raison en se présentant comme une victime et en chargeant l'autre pour légitimer son attitude ? Et surtout, reconnaissez si c'est le fruit de l'orgueil ! Il se peut qu'il doive être là à ce moment précis. Il se peut que l'autre vous irrite depuis un certain temps. Acceptez votre être et vos émotions. Au fil du temps, la colère se dissipera et vous serez en mesure, si tel est votre désir, de modifier les choses.

- ✓ Est-ce que cette colère vient de mon émotion qui cherche à me transmettre un message ? (À ce moment-là, il est important de l'écouter, car cela permettra de faire avancer les choses.)

- ✓ Ou bien est-ce mon ego qui accuse l'autre de choses injustifiées pour maintenir mes positions ? (Dans ce cas, rien ne progressera dans la gestion du conflit.)

Apprendre à exprimer ce qui n'est pas en phase avec vous.

Quand la colère est associée à un sentiment d'injustice et/ou de manque de considération, il est primordial de signaler à l'autre que son comportement vous affecte, que cela vous touche, que vous le percevez comme inéquitable.

Il n'est pas toujours aisé de l'exprimer, car l'ego entre en jeu, mais cela peut s'apprendre. On utilise une technique nommée CNV (communication non violente), mise au point par Marshall Rosenberg, qui nous guide dans l'utilisation des mots comme outils de communication efficaces.

C'est un moyen de communication qui nous donne l'occasion de partager nos sentiments. Au lieu de blâmer l'autre, on commence par aborder les événements, la situation actuelle et nos propres sentiments, sans porter de jugement sur l'autre. On n'a pas toujours raison, mais en abordant les situations avec tendresse et compréhension, on pourrait bien tracer le chemin vers une résolution pour empêcher l'amplification du conflit et faciliter la sortie de la situation avant qu'elle ne déraille.

Le cortisol.

Quand nous nous fâchons, notre organisme sécrète une hormone nommée cortisol, qui nuit grandement à notre système immunitaire.

En outre, on devient émotionnellement vulnérable.

Une heure de rage, c'est une heure où vous libérez cette substance chimique, et à cet instant précis, tous ceux qui sont autour de vous ressentent votre irritation ou entendent vos hurlements !

Par exemple, si vous avez ressenti de la colère au bureau ou ailleurs, en revenant chez vous, même un petit comportement inapproprié de vos enfants pourrait déclencher une réprimande de votre part, tout cela à cause du cortisol non libéré. Vous voyez, cinq heures de rage, c'est cinq heures de tension à décharger !

Faites une pause dès que la colère se pointe et souvenez-vous qu'il est normal de l'éprouver. Ceci permet d'atténuer la situation avant que les substances chimiques ne commencent leur propagation.

Il est possible d'apprendre à exprimer nos émotions. Quand quelque chose nous contrarie, on peut, une heure plus tard, reparler à l'autre et lui faire comprendre ce que l'on a ressenti, en détaillant pourquoi la situation nous a blessé.

Ceci aide à apaiser la colère, au lieu de la ressasser pendant des heures, ou même des jours, et de se laisser submerger par ce désagrément. Il est essentiel de consacrer le temps nécessaire pour éliminer ces produits chimiques qui peuvent persister dans notre organisme pendant plusieurs jours.

La colère est une émotion, mais la façon dont on la gère peut devenir un poison.

Comment faire pour s'en sortir ?

Reconnaître que la colère est juste une émotion normale aide à l'accepter. Il s'agit simplement de saisir son message puis de le formuler de façon constructive.

Il est essentiel de savoir mettre de côté son ego lorsqu'il le faut, mais celui-ci mérite également d'être en avant à l'occasion.

L'énergie à transformer.

L'émotion est une sorte d'énergie que l'on peut convertir selon notre volonté. Tant que nous restons **inconscients** de ce que nous vivons, cette énergie se fige et se transforme en un poids qui nous entrave. Nous ne savons pas comment gérer cela, et elle nous ronge comme un poids que nous tentons de dissimuler, sans qu'aucun résultat ne se manifeste.

Inversement, si on réalise que l'émotion est essentiellement une énergie en quête d'expression et qu'on peut la transformer, on pourrait se focaliser sur ce flot d'énergie et le diriger vers un développement positif.

Lorsqu'on évoque la colère, on l'associe souvent à un volcan hors de contrôle, où l'on se sent dépourvu de toute autorité. Néanmoins, l'émotion représente une sorte d'intelligence, indispensable et cruciale. Imaginez à quel point vous pourriez exploiter cette force dans un projet : les possibilités seraient infinies !

EN BREF...

La gestion de la colère, une émotion complexe, peut s'avérer ardue. Il est fréquent que nous ayons été éduqués à la réprimer plutôt qu'à l'exprimer de façon saine. Néanmoins, la colère véhicule un message essentiel et peut devenir une source d'énergie bénéfique si elle est correctement orientée.

Comprendre la colère

- **Un signal d'alarme :** la colère est souvent un signal que l'un de nos besoins n'est pas satisfait ou que nos limites ont été franchies.
- **Une émotion universelle :** tout le monde ressent de la colère, c'est une émotion normale et humaine.
- **Une source d'énergie :** la colère peut être une source de motivation pour défendre nos droits et nos valeurs.

Les conséquences d'une colère non exprimée

- **Problèmes de santé :** la colère refoulée peut entraîner des problèmes physiques tels que des maux de tête, des troubles digestifs ou des problèmes cardiaques.
- **Relations conflictuelles :** la colère non exprimée peut conduire à des disputes et à des ruptures.

- **Baisse de l'estime de soi :** le sentiment de ne pas pouvoir exprimer ses émotions peut éroder notre confiance en nous.

Comment gérer sa colère ?

- **Reconnaître ses émotions :** le premier pas consiste à accepter que l'on ressent de la colère.
- **Identifier les déclencheurs :** comprendre ce qui déclenche notre colère nous permet de mieux anticiper et gérer nos réactions.
- **Exprimer sa colère de manière assertive :** utiliser des "je" pour exprimer ses sentiments et ses besoins sans accuser l'autre.
- **Trouver des moyens sains d'évacuer la tension :** pratiquer une activité physique, méditer, écrire dans un journal...
- **Chercher du soutien :** parler à un ami, à un membre de la famille ou à un thérapeute peut être très utile.

La colère comme un moteur de changement

Quand elle est manifestée de façon saine, la colère peut servir d'impulsion pour un changement favorable. Elle peut nous encourager à revendiquer nos droits, à renforcer nos liens interpersonnels et à progresser sur le plan personnel.

Pour conclure, il est évident que la colère est une émotion complexe, pouvant se manifester à la fois de manière destructrice et constructive. En apprenant à la reconnaître, à la comprendre et à la gérer de manière saine, il est possible d'en faire un compagnon plutôt qu'un adversaire.

LA GESTION DES EMOTIONS

Pour nous, les êtres humains, les émotions sont non seulement indispensables, mais également bénéfiques.

Sans ces éléments, notre existence serait inconcevable. Elles nous véhiculent un message, et notre but est de les prêter l'oreille.
Il est crucial de ne pas fuir ni ignorer ces moments, même s'ils peuvent parfois être désagréables.

Il y a aussi tous les préjugés comme :

« *Un homme n'a pas le droit d'avoir peur*».

« *Une femme n'a pas le droit de se mettre en colère* »*,* avec lesquelles on grandit et qui ne sont pas confortables.

Mais qui n'a jamais été submergé par une émotion ?

Si on demandait à chacun, il serait clair que tous auraient reconnu avoir déjà ressenti une colère écrasante.
Il se peut que vous ayez déjà connu cette situation où, détendu chez vous, vous déambulez paisiblement dans votre salon, la moquette agréable sous vos pas, et tout à coup, vous heurtez le bout de votre petit orteil contre un meuble.

Et là, vous hurlez contre le meuble comme s'il était responsable, sans vraiment comprendre pourquoi la colère vous envahit et vous fait perdre votre calme.

Il y a aussi ces moments où vous regardez un film, censé être le plus romantique, blotti(e) près de votre conjoint(e), et soudain, vous vous mettez à pleurer comme une madeleine.

Votre partenaire vous fixe et déclare : « Non... Tu es en larmes pour ça ? » Vous vous sentez mal à l'aise, essayez de minimiser votre émotion en justifiant cela par une poussière dans l'œil, tout en ressentant une certaine perturbation.

On retrouve la colère, la tristesse, la peur... Le moment où vous débutez un projet et où l'angoisse vous prend au ventre. Vous commencez à vous répéter des pensées telles que « Je ne peux pas y parvenir » ou « J'aimerais vraiment réussir, mais je ne suis pas à la hauteur » et/ou « Avec les enfants, les prêts, je ne pourrai jamais me le permettre ».

Ces nombreuses petites voix intérieures vous gênent et vous bloquent dans votre progression. Vous êtes confronté à vos émotions, sans avoir la moindre idée de comment les gérer.

Naturellement, personne ne vous a enseigné comment gérer vos émotions.

On vous répète souvent : « refoule tes sentiments, tu dois être parfaite », ce qui sous-entend que la perfection implique de ne pas éprouver d'émotions. C'est un paradoxe, parce que nous sommes habitués à coexister avec nos émotions à chaque moment !

Notre condition initiale est la joie.

Dès que vous vous en écartez de cet état de bonheur primordial, une autre émotion commence à se manifester.

C'est essentiel de saisir cela, étant donné que les êtres humains vivent des centaines d'émotions, qu'elles soient majeures ou mineures, tout au long de la journée. Quotidiennement, vous éprouvez des sentiments comme la tristesse, même sous leurs formes subtiles telles que la colère ou la peur.

Vous êtes sans doute conscient qu'il est extrêmement ardu de mener sa vie tout en dissimulant continuellement ses sentiments.
Comment alors gérer ces émotions ?
C'est simplement comprenant qu'elles existent et qu'elles sont essentielles.

Ressentir l'émotion, la définir et l'accepter. Ceci implique simplement de faire une pause pour méditer, afin d'identifier le genre d'émotion que vous ressentez, tant physiquement que mentalement.

<u>*On sait dire par exemple :*</u> « **Hier, j'étais en colère** ».

Vous ne comprenez pas toujours la provenance de cette émotion ni comment elle s'est manifestée. Vous ne savez pas comment gérer cela, mais vous êtes conscient de votre colère.

On pourrait aussi dire que vous avez ressenti de la peur ou de la tristesse. Vous pouvez le percevoir en vous concentrant brièvement sur votre corps ; de façon intuitive, vous êtes en mesure d'identifier vos propres émotions.

Les symptômes de ces émotions peuvent être comparables : un rythme cardiaque accéléré, que vous éprouviez de la colère, de la mélancolie ou de l'effroi. Toutefois, avec une précision de 100%, vous pouvez reconnaître l'émotion existante.

<u>Prenons un exemple</u> :

Un conducteur vous grille la priorité, ce qui vous effraie. Par réaction instinctive, la peur vous incite à ralentir. Ensuite, comme si c'était intentionnel, le conducteur se conduit mal, paraissant insensible et ne prêtant guère attention aux autres dans ce monde de plus en plus centré sur l'individualisme.

La colère émerge derrière votre crainte, alors que vous rejouez mentalement la situation, déclenchant ainsi votre mécanisme de défense. Ce processus a des difficultés à accepter la peur de manière simple, car peu de personnes ont appris à accueillir leurs émotions sans porter de jugement.

Incapables d'accepter que cela provienne de nous, nous recherchons une responsabilité extérieure, déclenchant ainsi une autre émotion : la colère.

Ainsi, vous alimenterez votre colère en vous disant : « Tu te rends compte, ce conducteur m'a fait une queue de poisson, etc... »

Vous persistez à alimenter ce ressentiment pendant plusieurs jours, uniquement parce que vous ne voulez pas reconnaître l'émotion que vous éprouvez.

Nourrir la colère vous donne aussi l'occasion de narrer votre histoire en vous présentant comme la victime aux personnes à qui vous la confiez.

De surcroît, vous ne saurez jamais pourquoi cette personne a choisi de vous couper la route. Peut-être que sa femme était en train de donner naissance ? Peut-être qu'elle ne vous a pas remarqué ?

En ce qui concerne la peur, il est essentiel de prendre un moment pour réfléchir.

Il existe deux types d'émotions réelles :

- L'émotion instinctive découle du cerveau primitif, qui nous offre la capacité de réagir instantanément, soit en ralentissant ou en se mettant à l'abri, afin de sauvegarder notre existence par un simple réflexe.

- Par la suite, ce sont les émotions produites par les illusions de notre esprit qui agissent sur nos sentiments dans 93 % des situations. Tous les films que vous vous racontez.

Par exemple, vous venez de sortir d'une réunion ou d'une conversation difficile avec votre supérieur et vos collègues. Il vous convoque à son bureau pour 14 heures.

Vous partez pour le déjeuner, et tout à coup toutes vos craintes émergent : « **Que se passerait-il s'il me reprochait quelque chose ?** » **Il se pourrait qu'il me mette à la porte...** »

À ce stade, vous commencez à imaginer un film dans votre esprit, une vidéo qui illustre vos propres terreurs. Tous ces scénarios suscitent en vous ce sentiment de peur.

Alors nous pouvons nous dire :

« J'ai bien vu la réaction du patron, donc il est très probable que cela se déroulera ainsi. »

C'est exact. Cependant, tant que l'on n'a pas assisté à la rencontre, on ne peut pas en être certain.

Et même si, à la conclusion de la réunion, vous êtes bel et bien congédié, votre esprit saura néanmoins dégoter des réponses appropriées à ce souci concret.

Soit vous faites une pause pour reconnaître ce qui vient de se passer et accepter votre émotion, comme la colère, soit vous élaborez un scénario mentalement ou encore vous refoulez cette colère. Dans ce contexte, elle continuera à exister longtemps, car elle doit être exprimée.

Lorsque vous concentrez votre attention sur l'émotion, l'alarme s'éteint. Si la peur se manifeste, faites une pause et dites : « Merci pour cette peur, elle m'a aidé(e) », puis laissez-la partir. Retournez à votre essence en considérant ce qu'il faut faire, si cela est possible avec joie, et laissez le cours de la vie se poursuivre !

C'est bien ce film que nous nous racontons qui nous fait du tort.
C'est similaire à un rêve nocturne où l'on a la sensation d'être suivi par quelqu'un, et dans ce cas, votre organisme réagit comme si c'était une réalité.

Nous vivons dans une réalité qui semble réelle, tout comme les pensées que nous nous racontons. Autrement dit, 93 % de nos pensées sont des perceptions mentales.

Il est bénéfique, tout au long de la journée, de déterminer si la peur est authentique ou s'il s'agit d'une crainte que nous nous fabriquons, une illusion générée par notre esprit. Effectivement, tant que je ne dispose d'aucune preuve tangible pour valider ce que j'ai conçu, ma crainte n'est pas forcément justifiée.

Il est important de réaliser que le cerveau ne s'arrête tant qu'il n'a pas solutionné l'énigme. Il ne sait pas comment résoudre des problèmes tant qu'il n'y en a pas.

N'hésitez pas à consigner sur papier chaque fois que vous ressentez de la peur, afin de déterminer si elle est fondée ou si c'est plutôt une illusion que vous êtes en train de vous infliger. Cela vous aidera à optimiser et à évaluer la situation.

De cette manière, vous pourrez déterminer s'il s'agit d'une peur instinctive ou d'une peur que vous créez vous-même donc irrationnelle.

Écouter le message de son émotion.

C'est une notion qu'on ne nous enseigne pas habituellement, pourtant il est crucial de saisir que l'émotion véhicule toujours le même message qu'il s'agisse de peur, de colère, de joie ou de tristesse.

Il faut noter qu'une émotion a généralement une durée de 7 secondes. Elle apparaît pour nous délivrer un message et s'estompe dès que nous l'avons entendue. Ainsi se conclut son parcours.

Si vous vous interrogez à chaque fois que vous vivez une émotion, en sachant la distinguer, vous remarquerez que le message reste invariable.

- **La colère** : nous signale qu'il existe en nous quelque chose qui n'a pas été honoré. Par exemple, face à une situation que nous considérons comme inéquitable, notamment en termes de manque de respect ou d'injustice, la colère se révèle. Ce n'est pas nécessairement une indication que l'autre personne a fait preuve d'irrespect ou d'injustice, mais plutôt qu'elle nous a paru ainsi. Autrement dit, quand la colère se manifeste, la question cruciale à considérer est : « **Qu'est-ce que je ressens comme une violation de mes droits qui me paraît injuste ?** »

- **La peur** : nous signale un risque. Chaque fois que nous ressentons de la peur, c'est parce que nous avons l'impression d'être en danger. Lorsqu'il s'agit d'une réaction instinctive à une menace tangible, c'est une réponse innée. Cependant, même en imaginant des situations dans notre esprit, la peur nous envahit car nous avons l'impression d'être en péril. Nous avons mille motifs d'avoir peur, mais lorsque la peur se manifeste, c'est le signe que nous décelons une menace. Effectivement, il y a divers degrés de danger : Être nerveux n'est pas aussi grave que d'être confronté à un lion, mais dans l'instant présent, le danger paraît tout aussi authentique et fort. Par exemple, si votre supérieur vous appelle et que vous redoutez des critiques, le sentiment de menace que vous ressentez peut sembler presque aussi intense que d'être confronté à un lion, car vous avez l'impression que votre image ou ce que vous traversez est en péril. La peur évoque toujours le même thème. Posez-vous donc la question suivante : « Qu'est-ce qui pourrait me mettre en danger ? » Quand vous procédez de la sorte, vous constaterez que le simple fait d'écouter votre émotion réduit l'intensité de la peur, car vous l'avez acceptée.

- **La tristesse** : Elle n'est pas destinée à ceux qui se plaignent. Nous connaissons tous ce sentiment à un moment donné, et il arrive parfois que, dans nos moments de tristesse, nous ressentions notre propre nullité, un manque d'affection... Cependant, ce n'est pas le cas.

La tristesse nous évoque un aspect essentiel : la perte. Évidemment, face à un deuil, la disparition d'un être cher est manifeste et la douleur est palpable. Cependant, nous éprouvons également de la tristesse chaque fois que nous subissons une perte, que ce soit d'une chose ou d'une personne, comme lors d'une rupture amoureuse. Nous ressentons également de la peine lorsque nous brisons un objet qui nous tient à cœur, tel que sa tasse favorite, en raison de sa valeur affective.

Si nous refusons cette tristesse en se convainquant qu'il y a des situations plus graves, cette sensation demeure stagnante dans le corps et requiert une libération. Plus nous tentons de négliger son émotion, plus elle devient intense. Prenez un moment pour accueillir cette petite tristesse, semblable à celle que l'on ressent lorsque l'on casse sa tasse adorée, par exemple. Accueillez-la en vous demandant : « **Quel est le prix à payer ?** » Il se peut que vous soyez en train de perdre le bonheur de déguster votre boisson matinale dans votre tasse, d'en apprécier la vue, le contact, ou même une sorte de lien amical. Qu'importe le sujet, une perte se fait toujours ressentir.

Chaque fois que vous éprouvez de la tristesse, vous pouvez noter l'apparition d'un renouveau. Quand la tristesse apparaît, nous ressentons d'abord la perte, mais derrière cette dernière, il y a toujours quelque chose de nouveau qui surgit, quelque chose qui ne sera jamais plus identique à ce qui était auparavant.

Il est vrai que la perte n'est pas aisée, mais vous constaterez qu'il existe un vide à surmonter, et que la tristesse, en fin de compte, favorise la guérison de cet désarroi. Accordez-vous le temps de ressentir cette perte, et vous constaterez par la suite l'émergence d'un renouveau. La tristesse est un élément inévitable du processus de deuil et de transformation, elle trace la voie vers une nouvelle phase de votre existence, vous préparant à recevoir ce qui arrive.

- **La joie** : C'est notre condition innée. Lorsque tout est en ordre et que notre existence reflète notre véritable essence, la joie se manifeste naturellement.

La joie est également une émotion, elle ne garantit pas un bonheur éternel, mais elle constitue l'élan de notre existence. Vous l'avez probablement déjà vécu : quand l'amour vous frappe, vous avez la sensation d'être invincible, en mesure de réaliser n'importe quoi. Cela vous confère le courage d'intervenir, de prendre des initiatives, comme si vous étiez doté d'ailes.

Chaque fois que je fais l'expérience de la joie, cela me dynamise puisque c'est mon état naturel. Le bonheur n'est pas forcément lié aux autres, il peut aussi s'exprimer lorsque vous accordez du temps à la réflexion sur votre existence, à l'appréciation de ce que vous possédez, d'un lever de soleil ou des petites joies de la vie quotidienne. Ce sont ces instants qui vous permettent de retrouver cet état d'alignement.

Prêter l'oreille à cette émotion est une étape cruciale. La joie nous ancre, malgré les aléas de l'existence, face à toutes ces émotions qui peuvent parfois nous ébranler. Elle est notre force motrice, celle qui nous incite à progresser.

Sourire à l'émotion.

Sourire, c'est simplement accueillir et accepter l'émotion, admettre qu'à cet instant précis, nous l'éprouvons. Notre habitude générale consiste à réprimer nos émotions plutôt qu'à les expérimenter pleinement.

Il s'agit simplement de prendre un moment pour faire face à son émotion, de l'accepter et de se dire :

« Je suis en droit de ressentir cela et je lui suis même reconnaissant(e), bien que ce ne soit pas agréable. »

Il est crucial de l'expérimenter, car en la ressentant, je peux l'entendre et donc passer à l'étape d'action, c'est-à-dire agir.

Agir, poser l'action juste pour avancer.

Agir, c'est, par exemple, si l'on doit prendre la parole en public et que l'on est incapable de dormir la nuit, ressentir de l'angoisse, solliciter les bonnes personnes pour nous soutenir et nous aider à apprendre à être serein seul devant notre auditoire.

S'informer sur les méthodes adoptées par les autres... Dès que les étapes initiales sont franchies, nous pouvons agir de

manière efficace.
En somme, l'idée n'est pas de refouler les émotions, mais plutôt de les questionner.

Lorsque nous sommes confronté à une personne éprouvant une émotion, il est nécessaire de faire preuve d'empathie et de tenter de comprendre la raison pour laquelle elle se sent confrontée à une situation injuste ou irrespectueuse, surtout si elle manifeste de la colère. L'écoute de l'autre aide à apaiser les émotions et à aller de l'avant.

- La colère est un mécanisme de défense qui repousse, servant à établir et préserver nos frontières individuelles.

- La joie est une impulsion vers le futur, qui nous incite à progresser vers nos buts et à établir des liens avec autrui.

- La tristesse est une descente qui nous permet de libérer nos liens, que ce soit avec un proche lors d'une séparation ou d'un deuil, avec un projet, en cas de déception, ou avec une illusion. C'est la raison pour laquelle on se sent généralement mieux après avoir pleuré.

- La peur est une réaction de retrait qui nous permet d'éviter un danger perçu, dans l'intention de sauvegarder notre existence.

EN BREF...

Les émotions, qu'elles soient plaisantes ou déplaisantes, sont une composante essentielle de l'expérience humaine. Les gérer, c'est une quête de soi-même. Elles agissent comme des indicateurs que notre organisme émet pour nous signaler notre condition interne. Il est primordial de comprendre et de gérer nos émotions pour préserver notre bien-être.

Pourquoi est-il important de gérer ses émotions ?

- **Santé physique et mentale :** les émotions non gérées peuvent entraîner des problèmes de santé comme le stress, l'anxiété ou la dépression.
- **Relations sociales :** une bonne gestion des émotions favorise des relations plus harmonieuses avec les autres.
- **Performance :** être en accord avec ses émotions permet d'améliorer sa concentration et sa productivité.

Les étapes pour une meilleure gestion de ses émotions:

1. **Reconnaître et nommer ses émotions :** le premier pas est de prendre conscience de ce que l'on ressent.
2. **Accepter ses émotions :** au lieu de les refouler, il est important de les accueillir, même si elles sont désagréables.
3. **Comprendre les déclencheurs :** identifier les situations ou les personnes qui suscitent certaines émotions.
4. **Développer des stratégies d'adaptation :** mettre en place des techniques de relaxation, de respiration profonde ou de méditation.
5. **Communiquer ses émotions :** apprendre à exprimer ses émotions de manière assertive et respectueuse.
6. **Chercher du soutien :** n'hésitez pas à parler de vos émotions à un proche, à un thérapeute ou à rejoindre un groupe de soutien.

Les bienfaits de la gestion des émotions:

- **Une meilleure connaissance de soi** : en comprenant ses émotions, on apprend à mieux se connaître.
- **Une plus grande sérénité** : la gestion des émotions permet de réduire le stress et l'anxiété.
- **Des relations plus harmonieuses** : une communication plus efficace et une meilleure compréhension des autres.
- **Une plus grande satisfaction de vivre** : en étant en accord avec soi-même, on peut profiter pleinement de la vie.

Pour résumer, gérer ses émotions est un processus constant qui requiert de la patience et une pratique régulière. En apprenant à identifier, à embrasser et à manifester nos émotions de façon saine, nous pouvons grandement améliorer notre bien-être.

LIBEREZ VOTRE POTENTIEL, DEVENEZ QUI VOUS ETES VRAIMENT

Au plus profond de vous, vous êtes conscient que vous avez la capacité de vous épanouir. Ce qui vous fait défaut, c'est juste l'accès.

Libérer son potentiel implique de se reconnecter à notre essence véritable, à notre identité profonde, pour pouvoir donner le meilleur de nous-mêmes.

Il arrive fréquemment que cette aptitude se trouve en nous, mais qu'elle soit dissimulée sous le voile de nos craintes. Nous la percevons, cependant ces craintes nous en empêchent. Il est crucial pour nous de les surmonter afin d'atteindre notre épanouissement complet. Explorer en profondeur notre être est essentiel pour réaliser nos aspirations et désirs les plus intimes.

Il arrive parfois que nous agissions de manière à nous plaire superficiellement, sans pour autant ressentir une véritable passion intérieure.

Il est essentiel de comprendre ce qui nous stimule. Les véritables désirs sont ceux qui résonnent profondément en nous et nous insufflent de la vitalité.

C'est une intention louable de vouloir plaire aux autres, mais cela peut également nous détourner de notre propre trajectoire. Si nous ne faisons que répondre aux attentes d'autrui, nous restreignons notre propre développement.

Opter pour la poursuite de nos désirs représente un acte de courage et d'autonomie.

Libérez vos rêves, embrassez votre avenir.

Rêver en grand, sans se soucier du résultat, commence par une question fondamentale : « **Qu'est-ce que j'ai envie de me permettre de rêver ?** »

Toutes les plus grandes réussites de notre monde ont commencé par une pensée, un rêve. Ces aspirations peuvent changer au fil du temps, mais l'essentiel est de se lancer.

Il est essentiel d'avoir un projet qui nous enthousiasme et nous stimule. C'est le début du chemin vers le bonheur et la joie.

Néanmoins, notre système défensif est capable d'établir des obstacles. Il est crucial de garder confiance en vous et d'éviter les pièges des excuses trompeuses qui pourraient compromettre vos aspirations. Inscrivez vos rêves pour les concrétiser et leur donner une dimension matérielle.

Il arrive trop fréquemment, en Occident, d'observer des épisodes de dépression ou d'épuisement professionnel du fait que nous perdons de vue nos envies et nos ambitions. Nous nous écartons de nos principes et de nos véritables désirs.

La réalisation complète de son potentiel débute par un rêve, un projet qui nous tient à cœur. N'ayez pas peur de rêver et laissez ces aspirations vous guider vers une existence plus épanouie.

❖ Quel est le rêve ou le projet qui vous tient profondément à cœur ?

Prenez une page et commencez à y noter tous vos rêves. En procédant de cette manière, vous apprendrez progressivement à les analyser et à les comprendre. Cette activité vous permettra de repérer les freins qui vous bloquent dans votre capacité à rêver. Il arrive fréquemment qu'une petite voix intérieure mette en doute vos ambitions. Apprenez à l'identifier pour mieux la surmonter.

N'hésitez pas à faire preuve d'imagination : par exemple, envisagez que vous êtes millionnaire ! Ne vous focalisez pas pour l'instant sur la façon d'y arriver.

Permettez-vous simplement de rêver sans aucune restriction. Après avoir formulé vos rêves, vous aurez la possibilité d'examiner les diverses pistes pour les réaliser. Commencez par rêver, et tout le reste suivra de manière instinctive.

Le rêve est le point de départ pour se reconnecter à son potentiel.

- ❖ Qu'est-ce qui vous touche ?
- ❖ Qu'est-ce qui vous fait rêver ?
- ❖ Qu'est-ce qui vous passionne ?

En focalisant votre attention sur vos rêves, vous observerez progressivement des transformations dans votre existence. L'énergie suit l'attention et de belles opportunités se présenteront à vous. Il n'est pas toujours aisé de rêver, mais laissez-vous porter par la personne que vous êtes déjà. Inscrivez ces inspirations.
Permettez-vous de vous connecter à une vision, même si elle semble indistincte au départ. Démarrez en notant vos rêves, puis perfectionnez-les progressivement.

Dévoilez le rubis caché en vous et façonnez-le de manière à ce qu'il reflète fidèlement votre essence. Permettez-lui de briller dans toute sa gloire.

Ayez le courage de vivre en étant vous-même, pas en essayant de devenir ce que sont les autres.

Il est courant de se lancer dans des projets pour plaire à nos proches ou parce que c'est ce qu'ils attendent de nous. Cependant, cela peut nous écarter de notre véritable nature.

L'importance accordée au marketing et aux normes sociales nous pousse à adopter des comportements, des styles ou des discours pour plaire aux autres, mais cette quête de conformité nous fait oublier notre véritable identité.

Plus nous nous détachons de notre essence, moins nous pouvons exploiter notre potentiel.

Tous les grands créateurs de ce monde partagent un trait commun : ils sont capables de se brancher sur leur essence profonde. Effectivement, il est crucial de prêter attention aux autres et de désirer leur bien-être, tout en étant également primordial de percevoir ce qui nous affecte et nous stimule.

Il est primordial d'agir avec passion, amour, sourire et cœur quand nous sommes en harmonie avec ce qui nous semble significatif.

Quelle que soit l'opinion ou le jugement des autres, ce qui compte c'est que nos actions aient du sens à nos yeux. Leur perception n'a alors aucune importance.

Reconnectez-vous avec votre véritable nature et laissez briller votre authenticité.

Ne jamais lâcher, avancer pas à pas.

Il est essentiel d'avoir le courage de se lancer dans de nouvelles initiatives, même les plus petites. Chaque petite avancée nous rapproche de l'évolution et du progrès.

Nous possédons tous cette bravoure en nous, surtout quand un but qui nous passionne nous stimule et nous encourage.

Tandis que certains demeureront paralysés par la crainte de l'échec, d'autres opteront pour une progression graduelle. Ce qui se construit graduellement est souvent plus robuste, et chaque phase nous offre la possibilité de corriger notre parcours au fil du temps.

Chaque ascension commence par un premier pas : monter une montagne se fait progressivement, pas après pas, jusqu'à atteindre le sommet.

Pour celui qui s'en donne les moyens, tout est réalisable. Les rêves ne sont pas l'apanage de quelques privilégiés : nous avons autant de potentiel que ceux qui nous inspirent.

C'est un appel à l'action, à développer la patience et à persévérer. Ce message peut encourager ceux qui sont indécis ou qui craignent les défis sur leur parcours.

Accepter l'inconfort, bâtir pas à pas notre grandeur.

L'apprentissage nécessite de s'aventurer hors de sa zone de confort. Tout comme pour la marche ou la natation, on commence avec des maladresses, de la crainte et de l'hésitation, mais c'est à force de persévérance que l'on progresse et s'améliore.

Le succès a un coût, celui de l'inconfort.
Pour découvrir son potentiel, il est crucial d'accepter de traverser des moments d'incertitude.
Sans cela, aucun changement significatif ne se produit.

En embrassant ce malaise, nous pouvons avancer graduellement vers nos désirs et tracer une voie qui les matérialise.

Le processus de croissance comporte inévitablement de l'inconfort et de la peur, qui sont des indicateurs de notre développement.

Établir des routines qui métamorphosent notre mental et notre physique.

Mettre en place une routine aide à remodeler notre cerveau.

Une fois établies, les habitudes créent de nouveaux réseaux neuronaux.
D'après les recherches scientifiques, il faut généralement trois semaines pour ancrer une habitude.

Des émotions récurrentes, telles que la colère ou la peur, peuvent façonner notre caractère. Si nous nourrissons ces pensées, elles évoluent vers des états d'âme, puis se manifestent sous forme de traits de personnalité.

Par contre, en adoptant des habitudes positives, notre organisme s'habitue aux sensations de bien-être et d'accomplissement. Par le biais de la répétition, nous stimulons des hormones de bien-être et d'assurance, comme l'endorphine et la dopamine, qui intensifient notre motivation.

Au bout du compte, nous avons la possibilité de choisir : demeurer dans le malaise de l'immobilisme ou établir des routines qui nous conduisent vers nos aspirations.

Respirez.

Pour progresser vers nos objectifs et révéler notre véritable potentiel, il est essentiel de se permettre des moments de pause pour respirer profondément, adopter une posture droite et maintenir une attitude ouverte.

Prendre de grandes respirations, en gonflant vigoureusement et en vidant lentement, nous aide à nous ancrer dans l'instant présent et à être conscients de notre corps. Lorsqu'une pensée nous traverse l'esprit, analysons-la en privilégiant les ressentis corporels et les émotions qu'elle suscite en nous.

Prêtons l'oreille à nos vibrations internes, surveillons si notre rythme cardiaque se précipite ou si notre organisme répond. Ces impressions constituent des indicateurs qui nous permettent de distinguer ce qui est réellement en harmonie avec nous.

Fermez les yeux, prenez une grande respiration et laissez votre corps se libérer. Progressivement, vos épaules se relâchent et votre corps regagne son équilibre naturel. Le corps est plus avisé que l'esprit.

Pour établir un lien entre un rêve et notre nature profonde afin de vérifier sa concordance avec notre identité, il est primordial d'aligner la pensée, les émotions et les ressentis.

Se découvrir soi-même, c'est apprendre à se relier à ses émotions et à son corps. C'est dans cette perspective que la gratitude, l'amour et la clarté émergent, nous orientant vers l'accomplissement de nos aspirations.

Faites briller votre lumière, inspirez le monde.

Optez pour l'éclat en vous offrant du temps.

Chaque choix fait en accord avec votre essence intérieure vous mène vers votre succès. En vous consacrant entièrement à un projet, vous vous accordez avec vos désirs les plus profonds, et cela motive ceux qui se trouvent sur votre route. Refuser ce qui ne vous est pas utile peut être ardu, toutefois, c'est un acte de bravoure qui éclaire la voie vers la gratitude et l'inspiration.

N'ayez pas peur d'explorer votre intériorité et de reconnaître votre potentiel.

Progressivement, vous atteindrez vos buts et participerez à l'amélioration de l'humanité.

Prendre des risques est une étape cruciale dans notre cheminement. Des croyances qui nous limitent peuvent entraver nos projets et nos ambitions en chacun de nous. Dans ce livre, j'expose des histoires de vie qui reflètent ma perspective et mon mode de pensée. Chacun est libre de choisir s'il souhaite ou non s'y retrouver.

Qu'il s'agisse de santé, de périodes difficiles, d'épanouissement personnel, de recherche d'excellence, de maîtrise des émotions, d'épuisement mental ou d'autres vécus, il est possible que vous trouviez des échos à ces histoires.

EN BREF...

En chacun de nous réside une source inépuisable de créativité et de potentiel. Toutefois, nos craintes, nos incertitudes et les exigences de la société peuvent entraver notre épanouissement complet. Ce guide vous soutiendra dans votre cheminement vers l'épanouissement personnel, en vous fournissant les outils pour exploiter votre potentiel et mener une existence plus satisfaisante.

Découvrir son essence

- **Identifier ses valeurs** : qu'est-ce qui est important pour vous ? Quels sont vos rêves les plus profonds ?
- **Surmonter ses peurs** : les peurs sont des obstacles naturels, mais elles peuvent être surmontées grâce à la persévérance et à des outils adaptés.
- **Briser les croyances limitantes** : identifier et remettre en question les pensées négatives qui vous freinent.

Cultiver ses rêves

- **Visualiser l'avenir** : imaginez votre vie idéale et fixez-vous des objectifs clairs et réalisables.
- **Créer un plan d'action** : définissez les étapes nécessaires pour atteindre vos objectifs et mettez-les en œuvre.
- **Surmonter les obstacles** : développez des stratégies pour faire face aux difficultés et aux échecs.

Nourrir sa motivation

- **Entretenir sa passion** : faites de ce qui vous passionne une priorité dans votre vie.
- **S'entourer de personnes positives** : choisissez de fréquenter des personnes qui vous inspirent et vous

soutiennent.

- **Prendre soin de soi :** accordez-vous du temps pour vous reposer, vous détendre et pratiquer des activités qui vous font du bien.

<u>Agir avec courage</u>

- **Sortir de sa zone de confort :** acceptez de vous mettre en difficulté pour progresser.
- **Oser demander de l'aide :** n'hésitez pas à solliciter l'aide de vos proches ou d'un professionnel si nécessaire.
- **Célébrer ses réussites :** reconnaissez et valorisez vos progrès, aussi petits soient-ils.

Pour conclure, libérer son potentiel est un parcours individuel nécessitant du temps, de la patience et une forte persévérance. En reconnaissant vos principes, en vainquant vos craintes et en faisant preuve de résilience, vous êtes capable d'atteindre tous vos buts.

LE COURAGE

Vous arrive-t-il de croire que si un effort est nécessaire, cela veut dire que ce n'est pas vraiment en phase avec vous ? La souplesse et le lâcher-prise sont-ils effectivement inconciliables avec un travail acharné ? Pourquoi est-ce si compliqué de retrouver l'appétit du travail, la bravoure et la ténacité dans ce qui vous passionne vraiment ?

Il y a des instants où il est crucial de réfléchir à ce que nous désirons et à ce que nous aspirons à réaliser. Il faudra déployer des efforts si l'on désire vraiment s'investir et trouver du courage. Êtes-vous sincèrement engagée dans les objectifs que vous souhaitez réaliser ?

On remarque dernièrement qu'on nous recommande fréquemment de cesser nos actions pour revenir à l'état d'être. On pourrait envisager que cela impliquerait qu'il est nécessaire de ne plus se précipiter sans cesse vers les tâches à réaliser, mais plutôt d'apprendre à nous concentrer davantage sur notre vie intérieure. Cette idée peut être intéressante, mais pour ma part, elle me semble être une nouvelle pression (injonction).

On dit fréquemment que les efforts impliquent de la résistance, que faire des efforts signifie « forcer les choses ». Cela implique que quelque chose ne va pas, qu'il y a un manque d'harmonie, que la situation n'est pas fluide. Théoriquement, lorsque nous sommes en harmonie, dans le bon état d'esprit, conscients de nos actions et dans notre zone de génie, il ne devrait pas être nécessaire de forcer les choses.

Il ne faut pas perdre de vue que beaucoup d'entre nous ont des aspirations et des buts, impatients d'avancer vers des opportunités. Peut-être qu'il ne nous manque qu'un élément pour accomplir parfaitement la recette de nos ambitions. Il se peut qu'il s'agisse d'un manque de courage, d'efforts, de motivation, et par conséquent, nous pouvons parfois manquer de motivation. Il nous arrive parfois d'éprouver des phases d'apathie (d'indifférence), de marasme (désordre), qui ressemblent à des coups de mou. On peut également être touché par une sorte de flemmingite aiguë qui nous envahit et dégrade (érode) notre courage.

Il s'agit d'organiser nos efforts, ce qui nécessite déjà de connaître lesquels ils seront. Nous percevons fréquemment cela de façon binaire (genrée), puisque dès notre plus jeune âge, nous avons été enfermé dans des catégories : « tu es timide, tu es bon en maths, tu es lent ». Cette présentation crée une image statique de nous-mêmes, alors qu'en vérité, le courage est beaucoup plus complexe. Cela change d'un individu à l'autre et en fonction des circonstances. Nous puisons tous du courage dans divers domaines, mais pas uniformément, selon nos ambitions individuelles. Par exemple, une amie qui remplace elle-même son pneu me paraît brave, car cette tâche me semble laborieuse.

Cependant, cela ne signifie pas que je suis dépourvue de courage. Moi aussi, je fais preuve de courage dans d'autres situations où, peut-être, mon amie ne se sentirait pas à l'aise.

L'effort et le courage impliquent aussi une mobilisation délibérée et volontaire de nos ressources, de nos capacités physiques, mentales, émotionnelles et créatives, dans le but d'atteindre un objectif personnel et de se réaliser en tant qu'individu.

Par conséquent, le courage n'est ni stable ni universel : il varie en fonction de nos expériences et des épreuves quotidiennes. C'est le fait d'agir malgré la peur, de tenir bon face aux défis et aux entraves (obstacles). C'est également une intention profonde, un souffle qui émane du cœur. Quand nos actes sont motivés par un désir authentique ou une conviction, il nous est plus aisé de puiser dans le courage nécessaire. Toutefois, lorsque nous agissons sous pression, l'enthousiasme tend souvent à disparaître.

Nous pouvons faire une analogie (comparaison) entre le courage et un muscle. Plus nous l'entraînons, plus il devient puissant. Il prospère grâce à notre désir de communiquer, d'évoluer et d'inspirer autrui. Cela consiste à dépasser ses peurs, à ne pas leur conférer de pouvoir, mais plutôt à les contrôler. Oser, c'est reconnaître que, lorsque nos actions sont en harmonie avec nos principes, nous évoluons constamment, peu importe l'issue. C'est également un geste de non-jugement envers soi-même et autrui. Pour développer le courage, surtout en cas de manque de motivation, nous pouvons adopter les conseils qui suivent.

Admettre que le courage réside en nous.

Chaque individu a du courage en soi, indépendamment de l'opinion que l'on peut avoir de soi-même ou des jugements formulés par autrui. Dès notre venue au monde, nous rencontrons des épreuves et surmontons des défis. Nous puisons notre force dans la capacité à tenir debout, à persévérer.

Tout le monde fait face à des circonstances qui requièrent (demande) du courage, bien que les efforts déployés (réalisés) puissent paraître minimes à notre propre perception. On pourrait facilement penser : « mais ça, ce n'était pas du courage, car je le voulais et c'était facile ». Cependant, ce qui semble simple pour nous peut constituer un obstacle majeur pour autrui.

Nous avons souvent l'habitude de nous imposer des étiquettes péjoratives (défavorables), généralement issues de notre passé, en négligeant tout ce que nous avons déjà réalisé avec bravoure (courage). Nous avons néanmoins pris des risques, surmonté des défis et accompli bien plus que ce que nous croyons.

La première étape consiste à reconnaître ce courage qui est en nous. Il y a eu des périodes où nous avons rencontré des défis, où nous avons eu le courage d'essayer, malgré nos incertitudes. À ces moments-là, nous avons démontré du courage, que ce soit pour prendre des mesures (directives) ou exprimer des émotions authentiques en dépit de nos craintes.

Il est essentiel de reconnaître que le courage n'est pas toujours stable. Ce n'est pas une caractéristique (élément) qui se manifeste quotidiennement ou dans toutes les circonstances. Il est indéniable (évident) qu'il y a eu des instants où nous avons fait preuve de courage, et ces moments méritent d'être valorisés et fêtés. L'effort et le courage sont indispensables, car ils constituent l'essence (la nature) même de la vie. Bien que cela ne soit pas du goût de tout le monde, l'adage (réflexion) « on n'a rien sans rien » semble pertinent (approprié), mais il convient de l'envisager avec discernement (réflexion) et prudence.

Dans ses ouvrages, Christophe André évoque la distinction entre le lâcher-prise et l'effort. Il démontre que sans effort, il ne peut y avoir de lâcher-prise, et qu'en absence de lâcher-prise, l'effort est impossible. Il illustre avec l'exemple d'un cygne flottant sur une étendue d'eau. Ce cygne qui glisse sur l'eau donne l'impression de flotter, d'être gracieux, de se mouvoir (déplacer) avec légèreté et élégance. Cependant, malgré son apparente tranquillité, le cygne s'agite énormément sous la surface, ses petites pattes palmées se mouvant dans tous les sens. Donc, nous avons l'impression de l'extérieur qu'il y a beaucoup de facilité et de fluidité, qu'il est dans le lâcher-prise. Cependant, derrière cette façade, il y a beaucoup d'efforts à fournir.

Dans l'effort, il y a nécessairement une part de lâcher-prise, car nous ne pouvons pas anticiper ce qui se produira. Ce que nous sommes capables de faire, c'est déployer (réaliser) des efforts pour tenter d'avoir un certain contrôle sur les résultats.

Avoir peur, c'est humain, avancer malgré tout, c'est courageux.

Nous avons tous connu des instants où la peur nous a submergés, lorsque nous nous sommes sentis trop indécis pour passer à l'action. Et c'est tout à fait normal, puisque le courage ne peut exister sans la peur. L'important est d'agir à notre propre cadence (rythme), en fonction de nos aptitudes (possibilités), sans se mettre en comparaison avec autrui (quelqu'un). Quand nous faisons des comparaisons, nous avons souvent tendance à exagérer le courage des autres : « Lui est si brave, il a accompli cela, tandis que moi je n'y parviens pas et ça demande beaucoup d'efforts ». Cependant, ce point de vue est illusoire (trompeur).

Chaque individu progresse à son propre rythme, avec ses atouts, ses contraintes et ses obstacles. Le courage ne se juge pas selon les prouesses (réussites) d'autrui, mais par la manière dont chacun surmonte ses propres craintes.

Avoir peur, c'est humain, avancer malgré tout, c'est courageux.

Dès lors que nous saisissons les raisons de nos actions et que nous renouons avec cette intention en formulant les bonnes interrogations : « Pourquoi est-ce que je fais cela ? » Qu'est-ce qui m'a poussé(e) à franchir le pas ? Nous constatons que, quand nous opérons en « mode projet », nos valeurs sont en harmonie avec nos objectifs. Cette harmonie engendre un élan de bravoure qui nous incite à progresser. La motivation renforce notre énergie, nos principes et nos perceptions, nous donnant la capacité d'avancer avec résolution. Quand une tâche ou un projet nous passionne vraiment, nous trouvons instinctivement le courage pour continuer.

Nous ne cessons de progresser et de travailler sans relâche, car cela fait écho à ce qui compte réellement pour nous. Également, je rejette l'idée que « si nous faisons des efforts, c'est que ce n'est pas bon, que nous sommes en résistance, que nous tentons de forcer ou que nous ne sommes pas alignés ». À mon avis, c'est incorrect.

Si nous prenons conscience que pour accomplir un but, des efforts sont requis (nécessaires), cela indique plutôt que nous sommes conscients, responsables, enracinés et suffisamment clairvoyants pour saisir ce que cela implique. N'oublions pas le rôle de l'ego, qui fonctionne comme un mécanisme de défense face aux éléments qui nous perturbent. Il est parfois nécessaire de fournir un effort pour contrecarrer (lutter contre) cet ego, surtout lorsqu'il se trouve en état de panique. Il est crucial de s'investir dans des activités ou des passions qui nous plaisent, malgré les réticences internes.

Plus on pratique le courage, plus il se renforce

L'effort est un travail, car c'est une action que nous accomplissons de manière consciente. Il faut donc envisager le courage comme étant un muscle à renforcer. Plus nous parvenons à surmonter nos craintes et à prendre des risques, plus nous développons naturellement le courage en nous, jusqu'à ce qu'il se transforme en une routine. Bien que puissantes, les peurs fonctionnent comme des obstacles qui entravent (freinent) la mise en œuvre de l'action. Toutefois, en s'efforçant régulièrement de les surmonter, elles diminuent graduellement, ce qui contribue à fortifier notre courage. L'important est de continuer sans relâche, d'essayer maintes et maintes fois, jusqu'à ce que tout se mette en ordre. Progressivement, nous parvenons à toucher ce qui nous est véritablement cher.

Naturellement, toutes ces actions nécessitent du courage,

mais chaque pas en direction de notre objectif le rend plus réalisable. Au fil du temps, cette répétition forge le courage en une habitude enracinée, semblable à un muscle qui se renforce et s'intensifie grâce à l'entraînement constant. En associant l'effort et le courage à la fluidité, nous renforçons aussi nos aptitudes à nous adapter. En s'efforçant d'atteindre un but, que ce soit sur le plan physique, mental, émotionnel ou créatif, nous allons développer une grande faculté d'adaptation. En mettant en œuvre nos moyens, nous allons promptement améliorer deux aptitudes cruciales : la résilience et la faculté d'adaptation.

Délivrez-vous des étiquettes, découvrez votre potentiel authentique.

Cessons de nous restreindre à des classifications telles que « je suis audacieux ou je ne le suis pas, je suis littéraire et non mathématicien, j'ai du mérite ou je n'en ai pas ». Nous ne sommes pas simplement l'un ou l'autre (binaire). Quand nous nous emprisonnons dans des identités inflexibles (rigides) qui ne nous reflètent pas, nous perdons notre chemin. Il est crucial de renouer avec notre identité véritable, de nous percevoir tels que nous sommes, tout en gardant à l'esprit que nous démontrons du courage dans divers domaines.

Acquérir des compétences telles que la marche, la parole ou la conduite a requis un courage considérable ! L'échec est généralement mal considéré, particulièrement en France. Mais que signifie réellement l'échec ? C'est le fait d'avoir eu la bravoure de tenter quelque chose, même si nous avons rencontré des obstacles. Et par la suite ? Nous nous sommes redressés et avons continué. Au bout du compte, nous avons réussi à atteindre nos buts, quelles que soient les difficultés rencontrées, et cela prouve notre bravoure. L'échec, plutôt qu'une conclusion, représente une chance de réorienter nos efforts. Il nous indique simplement qu'il se pourrait que nous devions suivre une autre voie. Il est parfois nécessaire d'ouvrir les yeux, d'élargir notre perspective et, de temps à autre, de solliciter des conseils pour progresser.

Il est important de valoriser les échecs, car c'est à travers eux que l'on apprend la persévérance. Plus nous évitons de nous cantonner (limiter) à des catégories, plus il est aisé (facile) de surmonter les défis, de les affronter et de mobiliser notre propre ténacité.
Déployer des efforts, faire preuve de courage sont des éléments qui nous rendent fiers et qui bâtissent la confiance que nous avons en nous-mêmes. Quand nous réalisons l'ampleur des efforts que nous fournissons pour réaliser nos objectifs, cela consolide notre confiance en nos compétences. Cela nous offre aussi l'opportunité de cultiver la fierté pour ce que nous accomplissons, et nous procure la confiance nécessaire pour faire face à de nouveaux défis ou circonstances inconnues.

Nous éprouvons moins de peur et ressentons moins d'insécurité, étant donné que nous sommes conscients de notre capacité à déployer des efforts. De manière plus générale, nous avons une compréhension plus profonde de nos propres atouts que nous mettons en action tous les jours. Essentiellement, fournir des efforts et avoir le courage de les fournir revient simplement à apprendre à se connaître.

Considérer les scénarios pessimistes que l'on s'imagine de façon objective afin de mieux faire face à l'inattendu.

Lorsqu'on abandonne quelque chose ou qu'on envisage le pire, généralement considéré comme une épreuve insurmontable, il peut être bénéfique de se demander «

Qu'est-ce qui pourrait être encore pire que ça ? » puis on se retrouve à répéter inlassablement (tout le temps) « Et ensuite ? » jusqu'à ce qu'on ressente cette impression d'insécurité qui paraît interminable. En fin de compte, ce qui nous effraie fréquemment n'est qu'une exagération de nos appréhensions. Nous avons tendance à anticiper et à construire des scénarios apocalyptiques, alors qu'en vérité, une simple erreur ne conduit pas nécessairement à l'échec total du projet. En réalité, les autres ont souvent une attitude bienveillante envers nous et ne cherchent pas à nous causer du tort. Notre esprit a tendance à amplifier nos émotions, à nous persuader que le pire va se produire, alors qu'en adoptant une attitude mentale face à cette peur en disant « Et alors ? », nous découvrons que la majorité de nos angoisses sont sans fondement.

Il est peu fréquent qu'un événement véritablement désastreux arrive. En fait, il s'agit généralement de petites fautes comme « j'ai omis quelque chose », « je me suis égaré », ou « j'ai manqué une étape », et ces fautes ne peuvent pas déstabiliser toute notre existence. Le courage consiste à être disposé à considérer le pire, à le visualiser. Car dès qu'on le confronte dans notre esprit, on se rend compte qu'il n'y a rien de plus terrifiant, et que finalement, le pire ne se réalise jamais. Ainsi, ce qui nous arrive le mieux est d'atteindre nos buts malgré nos craintes, et de réaliser que le pire n'a jamais été aussi redoutable que nous l'aurions pensé.

Se reconcentrer sur soi-même, pour partager ce qui est fondamental pour nous.

Lorsque nous embrassons cette mentalité, peu importe les jugements ou les critiques que nous subissons, ou si le résultat ne correspond pas à nos attentes, nous comprenons vite qu'il est primordial de demeurer une source d'inspiration.

Bien que nos actions ne soient pas « impeccables », les personnes, souvent pleines d'empathie, saluent notre bravoure. Cela nous donne la possibilité de persévérer, d'expérimenter différemment et de moduler notre trajectoire progressivement. Les critiques prennent alors un caractère secondaire, car l'essentiel réside dans le fait que nos actions soient en accord avec nos valeurs.

Il arrive parfois que nous ayons besoin de temps. Permettre aux choses de suivre leur propre rythme ne veut pas dire que nous manquons de combativité. Au contraire, prendre le temps de nous asseoir et de réfléchir fait partie intégrante du processus. Ceci est également une facette de notre bravoure.

N'hésitons pas à solliciter (faire appel à) notre part d'enfance présente en chacun de nous afin de ne pas nous prendre trop au sérieux et ainsi maintenir notre joie. En effet, notre objectif ne comportera pas uniquement des aspects positifs, mais tâchons de rendre ce qui nous paraît pesant, un peu plus léger. Rester positif et ajouter du plaisir (fun) tout en restant réaliste.

Nous avons la possibilité de choisir nos difficultés, de nous tracasser pour des futilités ou de alléger les contraintes. Et vous, quelle serait votre préférence ? En conclusion, soyons reconnaissants pour ce que nous avons accompli, pour notre discipline et notre persévérance. Nous pouvons faire preuve de lucidité quant à ce que la vie nous a apporté, en restant persévérant(e). Nous pouvons adopter une belle posture et reconnaître ce que nous sommes.

Pour établir un point personnalisé, vous avez la possibilité de remplir ce questionnaire si le cœur vous en dit.

Qu'est-ce qui vous anime véritablement ?

Quel est le but ou la réalisation que vous aspirez le plus à accomplir en ce moment ? Déterminez le « pourquoi » pour renforcer votre engagement. Pourquoi souhaitez-vous atteindre cet objectif ou cette réalisation ?

Comment pouvez-vous intégrer l'effort de manière aisée et instinctive dans votre quotidien ?
Réfléchissez aux petites actions concrètes que vous pouvez mettre en place pour apporter plus de légèreté et de fluidité dans votre quotidien.

Quelle est votre relation avec le courage ?
Vous découragez-vous facilement face à un obstacle ? Ou, au contraire, trouvez-vous du plaisir dans le challenge ? Notez ce qui vous retient et ce qui vous stimule.

Comment convertiriez-vous (transformeriez-vous) l'effort en amusement ?
Comment pourriez-vous rendre les tâches, même les plus ardues, plus plaisantes ou satisfaisantes ? Cherchez des moyens d'y insérer du plaisir.

Quels sont les craintes ou les insécurités qui vous retiennent ?

Identifiez une peur qui vous retient, puis envisagez comment le courage pourrait vous aider à la surmonter.

Qui vous assiste et vous appuie tout au long de votre progression ?

Dressez la liste des individus sur qui vous pouvez compter pour vous soutenir dans vos démarches, et envisagez ceux qui pourraient vous motiver à dépasser vos limites.

Quelles pratiques pourriez-vous développer pour stimuler votre persévérance ?

Quelles petites pratiques quotidiennes, conformes avec vos principes, pourriez-vous mettre en place pour vous aider à atteindre vos buts ?

Quelles remarques vous faites-vous concernant vos réponses ?

Je vous souhaite beaucoup de succès dans votre cheminement. Je songe à créer un site web dans l'avenir afin de continuer à vous soutenir.

Amis sourds, mal-entendants et entendants, tant que je le pourrai, je serai à vos côtés avec amour et humilité.

LOVE